每天仅需6步，父母不再有烦恼

教育就这么简单

杨　冰◎著

西苑出版社
XIYUAN PUBLISHING HOUSE

图书在版编目（CIP）数据

每天仅需6步，父母不再有烦恼 / 杨冰著. -- 北京 :西苑出版社，2015.5
ISBN 978-7-5151-0499-7

Ⅰ. ①每… Ⅱ. ①杨… Ⅲ. ①儿童教育—家庭教育
Ⅳ. ①G78

中国版本图书馆 CIP 数据核字(2015)第 124106 号

每天仅需6步，父母不再有烦恼

作　　者	杨冰
责任编辑	王秋月
开　　本	710 毫米×1000 毫米 1/16
印　　张	16
字　　数	200 千字
版　　次	2015 年 8 月第 1 版　2015 年 8 月第 1 次印刷
印　　刷	北京佳信达欣艺术印刷有限公司
书　　号	ISBN 978-7-5151-0499-7
定　　价	32.00 元

出版发行	西苑出版社 北京市朝阳区利泽东二路 3 号　100102
发 行 部	（010）84254364
编 辑 部	（010）84250838
总 编 室	（010）64228516
网　　址	http://www.jccb.com.cn
电子邮箱	jinchengchuban@163.com
法律顾问	陈鹰律师事务所　（010）64970501

目　录

CONTENTS

第 1 章

父母们，请立即行动起来！

父母是孩子最好的老师，家庭是孩子最好的教室。

教育好孩子，是我们做父母的责任。

在多年的家庭教育研究与实践中，我们发现中国父母对孩子期望值很高，也关爱备至，管教严格，非常重视孩子的天赋开发和智力发展。但是，有的父母由于缺乏正确的教育理念，不懂得教育方法，常常对孩子的不良行为，常常是束手无策，无计可施。

有些父母，希望孩子快快长大，在孩子的“食谱”里，仅仅有五谷杂粮远嫌不够，还要配上种种“营养液”，恨不得把天底下的好东西全部都装进那小小的胃袋之中。

也有些父母，望子成龙、望女成凤心切，要求孩子科科都优秀，门门得满分，兼有多种爱好和专长，如钢琴、绘画、音乐、舞蹈、书法等，想让孩子百科无所不晓，百艺无所不精。岂不知拔苗助长，往往适得其反。

还有些父母，信奉的是金钱万能，对孩子的奖惩都与物质利益挂钩。他们认为世上最伟大的爱，是为后代留下金山银海，于是，车子、票子、房子一应俱全地为孩子储备好。

还有些父母，关心孩子的生活、健康等知识，却又不关心他们怎样为人处世，忽视了对他们的心灵培养，忘记了要把孩子塑造成一个真正的人，一个对社会有用的人。

这样的“有些”，如果想写，还能写出很多。我们有的父母，计划把孩子的一切都包下来，生怕委屈了孩子。正是我们这种无微不至的爱，使得孩子慢慢地变得骄奢、懒惰、冷漠，不理解我们的一片爱心，更不知稼穑之艰难，工作之辛苦，养育之不易，反而认为做父母的就应该为他们服务，于是心安理得，照单全收，岂不知，如此一来，让孩子养成了许多不良习惯，有的甚至滑向犯罪深渊。

曾经有一位母亲给我留言：我不得不承认我已经快被我的孩子

逼疯了。他今年才 10 岁，在家里总是很安静，但每到一个人多的地方，却总是停不下来，不是东摸摸，就是西动动。和别的孩子打架、打坏物品是常有的事。我和他爸爸都受过一定的教育，想着不约束孩子，可以培养他的创造力。但孩子的捣乱经常引起其他人的不满，老师和别的父母总是来告状。我们虽然喜欢他，但看到他总是捣乱、惹得周围人不高兴也很是焦急，心想如果因此影响了周围的人际关系岂不是因小失大。我感到束手无策，不断地询问，多方地打听，陷入了苦恼之中……我已经绞尽脑汁，彻底黔驴技穷了。我如何才能够在孩子继续恶劣行为的时候使自己不至于发疯呢？肯定有更好的解决方法的！

这是一位对孩子不良行为深恶痛绝的母亲的呼声。而在现实生活中，我们常常听到父母们在说——

“你一定要我给你说几遍才肯听？”

“给你说过，见到长辈要打招呼。”

“行了，快停下来！”

“你为什么就不能表现好一点？”

“我让你起床，为何还不起呢？你看看几点了？！快点！”

“我给你说过多少次了，要有礼貌。你看你，一点教养都没有。”

“叫你吃饭呢，没听见吗？耳朵聋了？！”

“放学回到家就知道玩，这要睡觉了，你还没写完作业？！”

“让你每天上网 1 小时，你看看几个小时了，你还在网上？”

“给你说过，不要剩饭，可你每次都剩。”

如此等等，这样的例子举不胜举。

以上这些，是很多父母面临的问题。而我们父母最大的愿望就是如何让孩子养成良好的行为习惯。

在过去的几年中，我收到过许多心烦意乱的父母们提出的成百上千的问题。我的邮箱常常被父母们提出的问题挤满。期间，我发现所有问题都有 3 个共性。

首先，父母大多请教孩子相同的不良行为的问题。比如孩子们不听话、逆反、任性、顶嘴这类问题总是高居榜首；接踵而至的就是焦虑、霸道、打架、迷恋电子游戏、手机控等，诸如此类。我用了很长时间记录归档，陆续整理出近 200 多个孩子的不良行为。这些不良行为涵盖了生活、交往、心理、学习、品行等各个方面。我无法把这 200 多个不良行为全部列举出来，事实上也没有必要。我与许多父母们座谈，征求父母们的意见，发现孩子重点有 36 种不良行为，使得父母最为头痛和束手无策，也就是本书列举的这 36 种不良行为。

其次，我们到底该用什么样的管教方法，改掉孩子的不良行为呢？而在管教中，需要明白哪些有用的教育方法，又有哪些错误的教育方法需要避免呢？

再次，父母想要知道如何规范孩子的行为。他们并不满足于当场改变、纠正孩子的不良行为，他们想要一劳永逸地拔掉这个毒瘤——没有任何后遗症，不用暗示、恳求、哄骗、大嚷、威逼利诱等。

于是，在回答父母们的提问时，我发现自己在一遍又一遍地重复着同样的答案，周而复始地提供着相同的办法，直到有的父亲或母亲问道：“你就不能把这些写成一本书？”

是啊，我为何不把这些回答整理成一本书呢？于是，经过两个多月的奋战，就有了这本《仅需 6 步，父母不再有烦恼》。当然，图书市场上也有这类书，但我要说的是，这本书绝对与众不同。在这本书中，我会提供给父母经过证明是正确的小策略，帮助你改变孩子的不良行为，而且，仅需 6 步，就可以了。

当然，6 步就改变一个不良行为，听起来如同天方夜谭，但也是可以通过力行得以达成的。我希望父母们能够再多走一步。不要只是读读这些小窍门而已，而是要通过创造出一个行为计划，成功地改变孩子的不良行为。坚持使用这些策略，直到你真正看到孩子的变化。这就是所谓的行为转变，也正是本书要帮你达到的境界。

这本书，适合 6 至 17 岁孩子的父母阅读。在本书中，我将帮您制定一个策略，用 6 步解读孩子的不良行为，进而加以纠正。只要这么做了，您会发现：您和孩子之间的关系将会大大改观，您的家庭生活将会越来越和谐，养育子女这项工作将会变得令人愉快，甚至还变成了一种享受。

作为父母，我们的投入和付出将会如愿以偿。难道那不正是我们为人父母的全部意义所在吗？毕竟，作为父母我们都有一个伟大的目标：让我们的孩子幸福快乐，言行举止得体大方，不但能健康成长，还能成材成功。

尤其需要说明的是，孩子的不良行为习惯既已养成，要纠正不是一蹴而就的事。毕竟，冰冻三尺非一日之寒，一定要坚持才能取得好的效果。

应该说，所有用来改变孩子行为的基本策略，都已经被收罗在这本书中了，但是当我和数以百计的父母共同努力后发现，另外一些补充和主意也有助于你的转变计划。我强烈推荐父母们在每次新的行为转变计划实施之前，进行如下 6 步工作：

具体操作方法如下：

第 1 步：锁定目标行为（每次不要超过两个）

在我解答父母们提出的问题时，多数父母知道自己的孩子有一大堆问题，但问题是什么，问题发生的频率、数量、强度等说不准，这样不仅使自己心中无数，也往往使我们的帮助很难有的放矢。父母要先搞清楚自己孩子的问题在哪里，想塑造孩子什么样的行为。

只要认真仔细观察、记录两周，问题就会比较明确起来。

第 2 步：记录评量这些行为

这个步骤是为了更好地掌握孩子哪些行为不恰当，它发生的频率有多大，强度如何等，能从量的方面对问题进行描述。家庭中往往可以用次数记录表来记录孩子的有关行为。一般情况是在每天的固定时间观察或记录相应的行为问题，经过约 4 周左右的时间，记录的结果便比较稳定了。

第 3 步：分析这些行为的原因何在

找出了原因就比较容易对症下药。比如，孩子说脏话是因家里人说脏话而模仿的？还是从电视上模仿的？还是从小伙伴处学来的？这都有助于问题的解决。

第 4 步：确定目标行为和终点行为

问题找到之后，就应确定你要塑造或纠正哪种行为了，并且对这一行为最终达到什么标准也应制定出来。

一般情况下，孩子的行为问题可能不止一个，但开始应该先从某一个行为入手，进行重塑或改变，这样便于巩固效果。

例如，孩子说脏话的行为。经观察，获知每天孩子在三餐时说脏话平均 15 次。究其原因，父亲平时有说脏话的现象，也有小伙伴的影响。据此，母亲决定，先纠正用餐时孩子的说脏话行为（目标行为），然后确定终点行为，即达到每天三餐说脏话两次以下。

第 5 步：制定纠正这些行为的计划实施方案

这是关键步骤之一。我们上述介绍的策略与方法可以灵活地利用。我们还是以说脏话为例，整个过程如下：

1．应召开家庭会议，讨论孩子的行为问题。如讨论说脏话的种种坏处，说明做一个语言文明的人的重要性。

2．通过讨论制定规则。如决定孩子今后少讲或不再讲脏话，尤其是在用餐、公共场合。最好把规则打印后贴在家中比较醒目的位置。

3. 制定合同。可以最大限度地发挥父母的创造性，灵活地使用正强化、消退、惩罚（如隔离、停止吃饭）、分数、代币等方式、方法。在此例中可以规定：

A. 每餐不说脏话得5分（因为平均每日三餐共说脏话15次，每顿饭平均5次（正强化）；

B. 用餐时每说一次脏话扣1分（惩罚）；

C. 第一周得15×7–3×7=84分以上；

从观察看，孩子每周三餐说脏话105次，终点目标是每周3餐低于14次，一天低于2次。第一周要求可以低一些，定为第二周21次，即每天3次，105–21=84，可定为85次，一次一分，所以，第一周得85分。

D. 第二周以后每周得分15×7–2×7=91分以上。

E. 那么，周日全家去动物园或者去吃麦当劳（孩子喜欢去动物园，喜欢吃麦当劳）。远期目标，用有效的强化物巩固。合同立定，父子、母子签名，并一经签名就马上生效，不再反悔。

当然，也可以采用隔离法，每说一次脏话就到饭桌旁站立5分钟。

特别需要说明的是，使用隔离时要使用定时器，没有定时器可以用电子表、钟表代替，以便大家共同遵守隔离的时间。

第6步：坚持21天纠正这些行为，巩固改变结果

改变孩子的不良行为，一定要坚持21天的反复期。一个行为的改变，必须坚持21天。

如果21天还没有看到变化，就要重新审视行为改变的计划方案，调整改变预定的策略。

而且，一些顽固的行为往往要经过相当的反复才能消失或重建。

在这里，尤其需要说明的是，在实施行为改变的过程中，父母可以建立一本行为转变日记本，记下孩子最突出的不良行为，然后写下你的想法和行动计划，以及转变结果。当然，在孩子的转变中，别忘了记录下孩子的进步。

第 2 章

世上没有完美的父母

中国父母的烦恼知多少

最近，一档以亲子关系为视角的综艺节目《爸爸去哪儿》，占据了各大热门话题榜，人们津津乐道明星父母们的教育方式的同时，亲子教育问题也引起了全社会广泛的讨论和思考。

父母如何走进孩子的内心，了解孩子的真实想法？如何有效地管教孩子又不让孩子产生逆反心理？管孩子怎样才是合适的尺度？如何纠正不良行为，养成良好习惯？……这一切引起许多父母的思考。

这是一位普通母亲的烦恼——

“如果有人问我，什么最难？我一定毫不犹豫的说，管孩子最难！”方女士——一位12岁男孩的妈妈无奈地说，“孩子一读书就打瞌睡，可上网却能连续好几个小时都不累。”

我问：“能不能采取什么方式限时孩子上网呢？”

方女士回答道：“怎么没有！设置密码、拔网线、断电，能想到的都用过了，结果孩子偷偷去网吧上网，上网上了多久，看了什么内容，我们父母都不知道，更不省心！”

我问：“那么能不能陪着孩子上网呢？”

方女士说：“孩子长大了，都希望有自己的空间，一方面孩子不愿意让父母一直坐在旁边盯着他；另一方面，让父母时时刻刻盯着，也确实是不现实的，周末、晚上还好，寒暑假还真没办法！”方女士边摇头边叹气：“更着急的是，有时候孩子在家一整天都说不上几句话，上网和网友聊天，一聊几个钟头！”

我又问：“你们有没有尝试过和孩子聊天呢？”

方女士说：“我和孩子他爸都试过了，可是我们完全不知道现在的孩子关注什么、对什么有兴趣，父母找不到话题，孩子也没兴趣听，聊两句就说不下去了！”

如此看来，孩子的行为真的令方女士伤透了脑筋。

其实，方女士的烦恼道出了许多父母的心声，随着家庭生活条件的不断提高，孩子们面对的诱惑也越来越多，电视、电脑、手机、ipad……里面令人眼花缭乱的应用、游戏、视频等，很容易让自控能力稍弱的孩子沉迷其中，尤为可怕的是，良莠不齐的网络内容，还有可能对孩子的身心健康造成危害。

正如方女士所说的那样，父母采取设置密码、拔掉网线等粗暴的方式阻止孩子上网，极容易让孩子产生逆反心理。如果孩子去网吧上网，反而更加脱离了父母的控制，但父母也不可能时时刻刻都管制着孩子的上网行为。

当然，父母的烦恼不仅仅是上网，其他的不良行为也大有市场。厌学、任性、说谎、胆怯、暴力倾向、成绩下降、没有礼貌……孩子身上出现的这些问题行为，令许多父母伤透了脑筋，却又无可奈何。

如果可能，我们可以列出一个长长的父母烦恼清单。

心理学专家指出，未成年人出现异常状态，根源往往在家庭，因此既要教育孩子，也要教育父母。

我发现，父母在教育孩子中，最大的难题是：把握不住孩子的行为是对还是错，而对孩子的不良行为，常常抱着一种又爱又恨的矛盾心理。父母一方面想确立孩子的行为规范，另一方面又怀疑这些规范对孩子的可行性，最终搞得无所适从。

家庭是孩子成长过程中最重要的因素。父母对孩子心理、性格和人格的影响是决定性的，孩子的心理和行为往往带着家庭的影子。因此，孩子出了问题，家庭因素不可忽视，父母千万不能只责怪孩子，而要主动寻找原因，承担起一定的责任。

事实证明，正确的教育方法才能培养健康的孩子，有问题的孩子往往出自“问题家庭”。

孩子的不良行为大多与父母有关

人们常说：“天下只有不是的父母，没有不是的孩子。”孩子是父母的作品。正如文章没有写好，不是纸和笔的错，而是拿纸和笔的人，是否有思想有写作能力。同样，孩子没有管教好，责任当然不在孩子身上，而在父母身上。

孩子有缺点或不良行为，这种现象很正常，因为孩子还小，很多时候不能明辨事非。纠正孩子的不良行为，教育孩子养成好习惯是父母不可推卸的责任。父母的某些行为也会造成孩子的坏行为，孩子的缺点都是源于父母的过失。

有这样一位父亲，他常常不能忍受儿子的一些行为。儿子是一个漫不经心的家伙，常常心不在焉，袜子穿了一只，却又看起书来，裤子穿了一半，忘了是否小便了，走路时常撞在路边停靠的车子上；永远不知道拖鞋踢到哪儿去了。他的父亲常跟在儿子后面叫骂。实际上儿子的这些行为几乎是他自己的翻版，但他永远不会骂自己。试想这个儿子在这么一个父亲的教导下，会有什么结果呢？

这位父亲能够这样客观而冷静地描绘自己，说明他还是一位明智的父亲。我们更多的糊涂父亲或母亲，没有认识到自己就是一面镜子，恐怕还在一味责怪孩子，而不知检点一下自己呢。

一位母亲在改变孩子说话急促的习惯时说：

我发现小女儿说话的语调越来越快，总是匆忙而急促，还常常吞吞吐吐。我注意矫正她说话的速度，叫她慢慢说，但没有什么效果。后来才逐渐发现，原来根子在自己身上。因为我和她父亲平时工作比较忙，回到家，除了看书看报或看电视，甚至觉得闭起眼睛休息一会儿也比和孩子谈话重要。而孩子心中的许多感受、疑问或喜乐，找不到机会表达。所以她总是一有机会，就想对父母倾吐，又怕父母听不完她的倾诉就又有其他的事，所以就尽量快说，久而久之就养成说话又急又快的习惯。有时又发现父母在听她说话时心不在焉，于是就又吞吞吐吐起来。

这位母亲找到了孩子的毛病成因后，从自己着手改变听孩子说话时的态度，对孩子的讲话表示了应有的热情与耐心，很快孩子的讲话就不再那么匆忙急促了。

由此可见，父母是孩子的第一任老师。父母的行为直接影响到孩子的行为和身心健康。要想尽快而有效地纠正孩子的不良行为，作父母的首先要从自身找出缺点，以正确的言行感化孩子，让孩子以良好的言行迎接未来。

你希望孩子成为一个什么样的人，孩子就会成为什么样的人。

父母的行为对孩子的影响是巨大的。可以说，父母是什么样的人，孩子就是什么样的人？你希望孩子成为什么样的人，孩子就可能会成为什么样的人。

孩子最初接近一张白纸，就看养育他的人怎样来设计和上色。

莫卧儿帝国的统治者阿克巴尔大约生活在700年前，他想要知道，什么是人的先天语言。因此，他让一些婴儿同他们的父母分开，并且这样抚育他们：只给这些孩子们食物和照料，但是不允许同孩子说话或者给孩子爱。结果是令人震惊的，当这些孩子放出来时，他们什么语言也不能掌握，而且，完全成为不可教的，甚至企图在军队中使用他们也失败了。

从这个故事中我们可以看出，人的一切行为，不管是好的还是坏的，都是要通过学习才可以得来。而作为提供学习样板的父母又是怎样的呢？不管父母有没有意识到，日常生活中他们的言语、举止、爱好、习惯无不在潜移默化中影响着孩子。孩子的年龄越小，受这种影响就越大，程度也就越深。

父母的性格决定孩子的性格。

有一句民间俗语非常富有哲理：如果你想知道孩子为什么会是这样，你只要去看看他的父母。

有位母亲喜怒无常，她心情好的时候，对儿子的要求样样满足；心情不好时，就从头上拔出发夹，随意向可触及到的东西乱扎一通，借以发泄。耳濡目染之中，孩子也养成了喜怒无常的性格，跟同学好的时候，什么东西都会送给同学，但不好的时候，就会拿出小刀，像他的母亲一般，将手边的东西划去，甚至将同学的手臂划伤。

一个意志坚强、做事从不虎头蛇尾的家长，他的孩子做大事小事一般都能善始善终；一个在家庭成员间都满口谎言的家长，你如何去要求孩子做到诚实？

其实，孩子一开始没有多少是非、对错的价值道德观念。有一次，一个家庭里发生了这样一件有趣的事情：父亲的一部手机找不到了，于是大家在家里四处翻箱倒柜地寻找，结果在抽水马桶里找到了，原来是他刚会走路的孩子扔进去的。一个成人是决不会把手机扔到马桶里的，因为他知道这是一个贵重物品。但一岁的孩子还没有形成价值观念，在他眼里，一部手机跟一张废纸是一样的，他会像扔一张废纸一样把手机扔掉。

播种行为收获习惯，播种习惯收获性格，播种性格收获命运。因此，父母要从孩子的细小行为抓起。而孩子的行为又受他的思想支配，他思想中价值观念的形成，又受父母言行的影响。

父母的言行决定着孩子的行为。

言传身教，就是说父母不仅要用合理的语言，更要用积极、正面的行动来塑造孩子好的个性。如果父母要对孩子有所约束，避免任性，那就必须自己首先以身作则。孩子虽小，但他的感觉却是很灵敏的。父母在孩子面前言行切忌随心所欲，家庭成员之间要形成和谐的民主气氛。什么该做，什么不该做，父母首先要亮出观点，并身体力行。

身教重于言教。父母要用自己的言行教育孩子关心他人，避免自私。在公共汽车上，我曾见到父子两人抢着给一个白发苍苍的老人让座，那孩子看上去不过七八岁的样子。良好的公德心是一个人在社会上获得尊重的基本品性。

自己的事情自己做。父母要培养孩子的自立精神，避免依赖。父母除了对孩子实施“自己的事情自己做”的原则，同样自身也要遵守。如果父母能够把属于自己职能范围内的事总是做得干净利索，自己能独立完成的事情绝不请别人帮忙，天长日久，当你要考察他的独立意识时，你的孩子一定不会令你失望。

父母好的言行影响孩子形成良好的行为，同样父母不良言行就会让孩子养成不良的行为。

曾经有位同学无论在哪里买东西，都要讨价还价，能还到低的价钱，就像打了一个大胜仗，兴奋不已。他家弄堂外有一家小烟纸店，与在地摊上买东西可以讨价还价不同，上海的烟纸店是不还价的。可他儿子每次去这家店都与店主讨价还价，两分钱、一分钱地还价，令店主疑惑不解，这孩子为何如此计较、如此精怪。他的妈妈也为此烦恼不已。后来，经过大家的共同讨论，这位母亲才恍然大悟：儿子这种行为正是自己平时的言行影响他的。原来这位母亲在付钱消费时有与人斤斤计较的习惯。这位母亲反省自己行为时回忆起，他在带孩子到外面游玩买东西时，常常与卖主讨价还价。有一次，在地摊买一件运动衫，摊主开价15元，母亲说，它怎么值15元呢？最多7元。于是双方经过你来我往的讨价还价，最后以8元成交。儿子在一旁耳濡目染，在买每一件东西时都养成了讨价还价的习惯。

溯本求源，问题出在孩子身上，根子长在父母身上。孩子身上表现出来的毛病，有的是父母教育思想、教育方法上的问题，有的是父母自身不良影响所致。因此，要想孩子改掉身上的毛病，父母必须先端正教育思想，严于律己。

过度宠爱小孩，没有管教和要求，甚至干扰到学校教育，肆意要求教师照顾孩子，没有给孩子面对挫折、懂事成长的机会，使得少年人一个个自以为是，最终铸成大错。这不是父母的错，该是谁的错呢?

父母常犯的三个错误：溺爱、剥夺、催逼

孩子的“问题行为”，主要是指孩子在成长、发育过程中出现的心理上或品德上的缺点及不足。孩子的“问题行为”往往给学校、社会、家庭带来许多困扰，更会干扰孩子的学习和健康成长。这个问题已引起医学专家和心理学家的重视；当然，父母们对此也很关注。

据有关方面调查研究，造成孩子“问题行为”的家庭因素主要有:

父母关系不和严重影响孩子的心理健康，造成父母权威丧失，

孩子缺乏温暖和安全感；

对待孩子简单粗暴，严重伤害孩子的自尊心；父母缺乏与孩子的沟通，会造成孩子孤僻、忧郁；

过分溺爱孩子，导致孩子以自我为中心；

父母不良的行为习惯容易“传染”给孩子；

父母“望子成龙”心切让孩子不堪重负；

父母及祖父母对待孩子的态度和方法不一致，导致孩子无所适从；等等。

纠正孩子的不良行为，必须在家庭的参与下改善家庭内部的人际关系，促进家庭成员相互了解和沟通，让“问题孩子”重新回到一个健康的成长环境中。

我总结归纳了一下，在家庭教育中，父母最常犯的有三个错误：

1. 溺爱是不良行为的催化剂

我们大多数父母都知道溺爱对孩子的发展十分不利，尤其溺爱能培养出孩子各种各样的不良行为。可是许多父母还是不知不觉地在溺爱孩子，其理由非常简单：“现在就这么一个孩子不用那么严了。”“现在生活条件好了，何必对孩子那么心硬。”父母们千万要明白，爱孩子是必须的，没有对孩子的爱就没有对孩子的健康成长，但是溺爱却是要不得的，尽管有时爱与溺爱仅仅有一线之差。

我举一个自己家孩子的例子。因为我和孩子妈妈工作忙，没有时间照顾孩子，就请岳母岳父过来帮助照看孩子。有一次，家里吃水饺，四盘水饺放在桌子上，我以为都是同样的馅，也没多想，就近一盘吃了起来。这时，岳母说：“这盘你别再吃了。”我问：“为何？不都是饺子吗？”岳母说：“这盘是虾肉馅的，是专门给孩子包的，孩子爱吃虾肉馅的。”我一听，就觉得有问题，说道：“这就不对了。要吃虾肉馅的，大家都吃，为何单单给孩子搞特殊呢？

如果这样惯下去，孩子就会自己总吃独食，越来越自私。”从那以后，我们家吃饭大家都一样，孩子也不能搞特殊。

前苏联教育家马卡连柯说过：“没有父母的爱，所培养出来的人，往往是有缺陷的人。”可见父母之爱、亲人之爱对子女的智力等因素发展的影响之大。然而，若这种爱变成了溺爱，就会走向反面。

现在有很多父母总想将孩子置于“保险柜”里，让他们生活在“安全圈”中，不准孩子到外面玩耍，生怕孩子受了委屈和挫折。他们对孩子百依百顺，要什么给什么，千方百计满足孩子的物质需要。他们自觉不自觉地把自己的孩子抬到了家庭的中心位置，使他们成为什么“小皇帝”“小公主”“小天使”“小霸王”“家庭第一把手”。久而久之，对孩子由溺爱到放纵，由放纵到管不了，最终甚至导致孩子对父母产生逆反心理，乃至发展到亲情反目成仇。

一位小学三年级的孩子放学回家，看到父母精心为他准备的晚餐，略扫一眼，就大发雷霆，说没有一样菜是他喜欢吃的，非让父母陪他下饭馆。父母带着“爱子”到了一个装修考究的饭庄，让他自己点了几个菜，而他们心甘情愿地充当了“伴吃”的角色，脸上还美滋滋的。

一个五年级学生，到了该上学的时间还赖在床上，母亲无奈，只好急匆匆跑到学校，竟然恳请老师到他家去一趟，劝孩子起床上学。这位母亲的举动，让老师哭笑不得。

天津市发生了一件耐人寻味之事：一个 8 岁男孩因嫌奶奶给压岁钱太少而大发雷霆，致使祖母气急昏倒。这位男孩的奶奶王老太太，平时靠扎纸盒为生，手头没有什么积蓄。她考虑到下面有 5 个孙子、孙女，便决定每人给 20 元压岁钱。这个 8 岁的孙子和父母到奶奶家拜年，见奶奶只给了 20 元压岁钱，很不高兴，非让奶奶给一张 100 元的大票子，气得奶奶心脏病复发倒在沙发上，继而昏迷不醒，被家人紧急送往医院。经过两个多小时地全力救治，老人总算脱离了危险。

有位山东夫妇年过30才喜得千金，对其独生女极为溺爱，致使女儿虽只有6岁就养成骄横的性格，稍不如意就大哭大闹，对父母施以拳脚。后来为了一根冰棍，这个6岁的独生女竟用老鼠药把母亲毒死。父亲一气之下把女儿掐死，自己也悬梁自尽，好好的一家三口人都葬送在溺爱之中。

我总结了一下，感到溺爱主要表现在以下几个方面：

（1）过度关注。生活上关注、帮助是必须的。但有些父母过分溺爱孩子，孩子不守家规、淘气，也不教育、不引导，放任自流，结果使孩子养成任性、固执，不接受教育的坏毛病。

（2）过分迁就。孩子犯了错不敢理直气壮地说，更不要说惩罚了。于是孩子离家出走，孩子任性，嘲弄父母，甚至吸毒等一切行为都来了。个性的迁就比生活上的过分帮助作用还坏。如果父母们希望自己的孩子将来能孝敬父母，服务社会，那么就该结束过分迁就的做法。该说就说，不能迁就。

（3）过多照顾。家里的糕点、水果等美味食品，只让孩子一个人享受。爸爸、妈妈不吃，爷爷、奶奶也不尝，让孩子吃个够。长此以往，孩子便认为一切好东西都理应属于自己，独占玩具，吃“独食”，自己的东西不许别人碰，滋长起自私的心理，遇事“独”字当头。

（4）过多禁区。因怕孩子出事，父母给孩子设置了种种禁区，不许独自到院子里玩，不许摸这，不许动那……这样，造成孩子胆小怕事。由于孩子缺乏与外界接触，家中又没有伙伴，因而只能与收音机、电视机、电脑为伴，从而形成了孩子孤僻、不合群的性格。

（5）过多许愿。有些父母在孩子哭闹时，随便许愿，孩子要什么都答应，连根本无法兑现的也答应，父母说了不做，就会在孩子心中失去威信，造成施教困难。

（6）过多偏食。父母爱子心切，只根据孩子的爱好，而不根据孩子的营养需要进行喂养，使孩子形成“偏食”和“忌口”。有的孩子长期不吃蔬菜而造成习惯性便秘；有的孩子只吃某些单一食物而造成贫血；还有的不按时定量进餐而造成营养不良。

（7）过多包办。父母唯恐孩子受苦受累，稍有困难，就出面解决。如，孩子作业不会做，父母就动手包办代替。结果造成孩子依赖性强，独立生活能力差。如许多四五岁的孩子，不会自己吃饭、洗脸、穿衣、系鞋带……天长日久，孩子就会养成嫌脏怕累的懒惰习惯，缺乏独立克服困难的能力，经受不起打击和挫折。

（8）过多满足。孩子只要哭闹或“耍赖”，父母就满足其要求。想干什么，就让他干什么；要买什么，父母就给买什么。久而久之，稍不如意，孩子就大发脾气，最后发展到孩子在家称王称霸，不讲道理，蛮横粗野。

（9）过多打扮。有的父母喜欢将孩子打扮得花枝招展，奇形怪状。这会造成孩子的心理发育异常，不利于孩子身心的健康发育。

“溺爱”对孩子成长的不利影响是显而易见的，如得不到及时纠正，孩子长大后则会形成各种不良性格，影响孩子在各个方面的发展，甚至成为劣根性。这是父母们应十分注意的。

英国有一句谚语：“娇养儿不能成大器。”事实上，我们做父母的，是不可能保护孩子一生的，当然也不应试图这样去做。现实告诉人们，做父母的应摆正自己的教育观念，不能将对孩子的责任伸延得太长太宽，从而形成畸形的教育。在关爱孩子的幌子下，放纵孩子，娇宠孩子，使他们在父母无限宽大的温床上，完全丧失了做人的准则，甚至走上歧途，这样的教训难道还少吗？！

父母要避免对孩子溺爱，就是要保持爱的节制，以科学的爱保护孩子健康成长。

2. 剥夺是不良行为的助长剂

剥夺是指孩子在生长发育的过程中孩子所需要的东西没有被满足，例如孩子需要相应的营养、相应的教育、相应的爱抚，父母没有给予。

一位教育专家曾讲述过这样一个案例：

一次，某幼儿园阿姨对她所教的中班进行心理测试，其中有这样一个题目：“一个小妹妹病了，冷得直哆嗦，你愿意借给她外衣吗？”结果孩子们半天都不回答。当老师点名时，第一个孩子说：“病了要传染的，她穿了我的衣服，那我也该生病了。我妈妈还得花钱。”第二个孩子则说：“我妈妈不让。我妈妈会打我的。”结果，半数以上的孩子都找出种种理由，表示不愿意借衣服给生病的小妹妹。可巧，这位老师的孩子也在这个班，她实在不甘心这样的结果，就问自己4岁的儿子：“一个小朋友没吃早点，饿得直哭，你正吃早点，该怎么做呢？”见儿子不回答，她又引导：“你给他吃吗？”“不给！”儿子十分干脆地回答。妈妈又劝：“可是，那个小朋友都饿哭了呀！”儿子竟然回答道：“他活该！”

这不是特例。在现实生活中，孩子们的有些举动足以让人瞠目结舌。

由于物质生活水平和教育水平的提高，现在剥夺的形式已不是物质、教育条件不能被满足了，而主要体现在以下两个方面：

（1）心理需要的剥夺。由于父母工作太忙，尤其是父亲与孩子在一起的时间太短，没有时间陪孩子，造成孩子心理失衡，这极不利于孩子健康心理的发展，严重时还会导致心理疾病。

（2）剥夺孩子处事权力。我国老教育家刘绍禹曾经说过：“不要太关心儿童”，“太关心了容易养成孩子相反的自我中心心理，结果变成自私自利的人”。很多父母把孩子当成宝贝，什么事都替孩子包办，有的甚至想要知道孩子的一切，包括孩子的隐私。有的孩子遇到困难了，父母表现得比孩子还忧心。有的孩子出现失误，父母自己感到有很大责任，坐立不安。父母对孩子的过度保护，让孩子失去了自我，完全无法客观地看待自己，观察社会，剥夺了孩子处事权利。

（3）溺爱也会导致剥夺。溺爱往往剥夺了孩子动手、动脑的机会与权利，扼杀孩子的创造欲、动手欲，使孩子丧失了锻炼、学习的机会，从而使孩子永远长不大。

我们做父母的，千万不要把孩子当作手中的风筝，因为担心孩子飞向天空会遇到这样那样的不测，而舍不得放开手中的线。如果是那样的话，孩子只会在这条线的牵引下围着父母转而失去飞翔的机会。如果有那么一天，父母牵不动这条线了，或许风筝就没有高飞的动力了。如果到那时候才明白，悔之晚也。因为，父母的剥夺早已伤害了孩子。

3. 催逼是不良行为的助力剂

我们有些恨铁不成钢的父母，一时看不到孩子的潜能就心急，开始催逼孩子努力，达到某些目标，未来要如何如何等。其实，有许多天才少年的失败，就是因为父母的催逼。

过去，父母对孩子的催逼还不十分明显。那时，孩子们自然成长的成分更多一些。可今天，随着物质生活的较大丰富，随着广播电视手机电脑网络以及微博微信等媒体深入到家家户户，随着市场经济带来的人与人的竞争，尤其是升学的竞争，催逼已经给孩子的成长带来了极大的压力。尤其是当今大量播放的电视剧中那些优越的生活条件，豪华奢侈的的生活方式，都会给孩子造成极大的压力，成为不可忽视的催逼源。这些催逼在孩子身上表现出如下的作用：

（1）生理、心理发育不协调，某些发育因素大大提前。以女孩子为例，已有研究显示女孩的平均年龄已比20年前提前了两年多，从过去的11—13岁提前到9岁，甚至7岁。究其原因主要是食物构成的变化。自然的食品越来越少，加工食品越来越多，而后者往往加入人为的食品因素，如添加剂等，这是导致孩子提前发育的原因之一。强化食品的过多摄入。例如含有大量激素的强化食品，孩子摄入后势必引起提前发育。社会文化因素，这是促进发育的因素之一，就连幼儿园的孩子都能从电视上模仿接吻、拥抱。可见，新的文化因素对孩子的影响。生理发育提前尤其是在心理准备不足的情况下，这种提前往往导致孩子一系列问题，使家庭教育任务变得更加繁重。

（2）心理成熟期缩短。社会越现代化，需要孩子掌握的现代文化也就越多，也就需要更长的时间来掌握这些文化，也就是说，需要更长的心理成熟期，否则，就难以适应社会生活。可是物质的、环境的催逼又使孩子过早地、支离破碎地发展某些心理因素，如性心理，这样，这些表面上某些方面看上去成熟的孩子，实际上离独立生活的能力要求还相去甚远，这就产生了一系列的行为问题。

（3）智力过分早熟。由于社会竞争的影响，使得许多父母看到智力发展的重要性，于是，不惜一切代价催熟孩子的智力。可是，其中的一些父母往往只注意了智力，忽视了个性的发展，忽视了个性的发展要经过一定的时间和相应的人生经历才能完成的特征。

孩子自有孩子的世界，孩子也自有自己的言语、行事和社交方式，必要的规矩是需要的，但父母也不能以大众的标准和要求去束缚孩子，要还孩子自然的本来的面目，给孩子创造一个真正的爱的环境，不要人为地催逼孩子，而应主动缓解孩子的压力，使孩子有饱满的热情和旺盛的精力投入到学习中去。

错误的方法必定导致不良的行为

家庭教育是每一个家庭的大问题！

让自己的孩子成为一个优秀的人，是天下所有父母最大的期望。但是，您想过您的教育方式存在问题吗？您知道您的教子方案存在错误吗？

有权威调查证明：有 70% 的家庭对子女的教育存在教育不当的问题，100% 的父母曾经在教育子女的问题上犯过这样那样的错误！

生活中，我们有许多父母总是不太相信孩子能做出正确的选择。说白了，就是不信任孩子。而这种信任的缺乏，促使孩子更多地去相信外部信号，而非内心。

从幼儿时期开始，我们就一直对孩子说“你还不够好”，“你要听爸爸妈妈的话”，“你不能只想着自己”，等等，强迫他们听从我们的控制和支配。就这样，从很早开始，孩子的行为和想法就从对别人不管不顾转变为害怕和顾虑重重。他们不得不去寻求权威的指引和保护，停止从自己的内心寻求答案。最后变成没有原则、没有独立思考的人。

我们教育孩子要遵循社会的表面标准，有两个原因：一来我们想保护他们免受嘲笑、排挤和指责，在生活中愉快并成功；二来很多父母希望孩子能够弥补他们自己人生中的缺憾。出于这两个原因，父母总是在无意间鼓励孩子塑造出“假我”，遵循社会的期待而丢掉自我。

错误的教育方法，必然导致不良的行为。孩子的行为问题，不仅仅是孩子个人的问题，它同时也是一个家庭的问题。父母需要“照镜子”，好好看看真实的自己，诚实地看看真正的自己。

错误教育法 1：不尊重孩子内心的感受

这种方法可能是最不显眼的一种支配方式，因为孩子常常不会把它视为一种控制。这种隐蔽的策略包括让孩子感到内疚、难受和羞愧。

有一位孩子这样对我说：“我爸爸总是在学习成绩上给我施加压力。如果我得了 59 分，他就会让我觉得自己和垃圾一般。六年级时，有一次考试我得了 82 分，结果他让我觉得自己真的像一个傻子一样。”

下面是一些我经常从父母嘴里听到的话，都是这种行为的典型体现：

“如果你真的爱我，就应该更努力一些。”（让孩子内疚）

“你看我每天给你做饭，送你上学，忙前忙后，简直就像你的私人保姆一样。”（让孩子感觉你在牺牲）

“什么？你数学考试不及格？看在老天爷的分上，你爸爸妈妈可都是名牌大学理工科毕业的博士啊！你可真给我们丢脸！”（让孩子羞愧）

虽然这些例子多少有点极端，但是如果我们听听自己对孩子说过的一些话，我们一定会找到这些东西的痕迹。

“你能不能早点起床？每次你错过班车，我都得一大早送你去上学。然后我一天的计划就全报废了。”（让孩子内疚）

“你知道，如果我老是请假会被解雇的。不过没关系，我不想成为那种不称职的妈妈，我不能错过你的乒乓球比赛，所以我想我愿意承担这种风险。”（让孩子感觉你在牺牲）

“你在语文考试中得了59分，这可是你迄今为止得到的最差成绩了。还有谁的成绩能比你还低啊？”（让孩子羞愧）

我们最常用的一句会让孩子感到内疚和羞愧的话就是：“我对你非常失望”。也许，这句话听上去很正常，也很平常。而且，每个人都在说。但是它促使孩子在做出选择时，是基于我们的态度而不是事情本身的对错。所以我们必须小心提防从我们嘴里说出来的每一句话。每一次我们都需要问问自己：“当我这么说时，我是想教导孩子，还是想让孩子听我的，顺服我？”

我们做父母的，应该尊重孩子的内心的感受，不要让孩子好像欠我们似的。有的时候，身为父母亲的你，也许会因为一些事情而使得与孩子之间的关系紧张或出现裂痕，这是不可避免的。但是不管与孩子发生了什么样的争执，我们要具有调和的能力，能与孩子重新和好。而且，在教育的时候，我们要学会尊重孩子，不能一味地打击孩子的自尊心，而给孩子幼小的心灵造成难以愈合的伤害。

英国著名教育家斯宾塞说过：野蛮产生野蛮、仁爱产生仁爱，这就是真理。对待孩子没有同情，孩子长大也就变得不会同情别人。也就是说，父母以应有的尊重对待孩子，孩子才会懂得尊重父母。只要认真培养，你的孩子也一定能学会尊重别人。

尊重孩子，首先要学会与孩子沟通。父母认真聆听孩子讲话既可以教会孩子与他人分享情感的方法，也会帮助你了解孩子的心思，进而为你将一些好的思想灌输给孩子打下基础。比如，以命令的口气让孩子给自己倒杯茶。待孩子倒来茶，大人就一声不响地接过来，独自喝茶读报。于是，孩子从父母身上学会了这种冷漠无声的态度，在不知不觉中，他们就以同样的态度对待别人。如果父母要孩子送来报纸，礼貌地说一句："请帮我把今天的报纸拿来。"当孩子做完这件事后，说一声："谢谢，我的小宝贝！"这就在语言行为上给孩子做了一个良好的示范。事实上，以礼貌对待孩子，不会失去父母的尊严，反而增加了孩子对父母的敬重。

在德国，大部分的父母是十分尊重孩子的。在一个圣诞节时，一位德国的父亲给孩子买了一个高尔夫球台。有一次，父亲想与一个朋友玩一下，就问孩子："孩子，能不能把高尔夫球台借给我玩一下？"他们认为，父亲给孩子买的礼物是孩子的物品，要用当然得借，要借当然得请求。

父母要尊重孩子，要关爱孩子，要让孩子感受到对他们的重视，这样才有利于孩子的身心健康。尊重孩子内心的感受，可以增进沟通、促进理解。一个孩子就是一个世界。父母尊重孩子，重视孩子的行为，会使孩子心情愉悦，给孩子一个愉快的童年；会让孩子感受到父母对自己深沉的爱，增进父母与孩子之间的关系；会帮助孩子增加自信，勇敢面对将来出现的任何事情；有利于孩子自尊心的形成，增长孩子独立、自主、自强的精神。

错误教育法2：让孩子服从自己

日常生活中，有的父母肤浅粗暴地对待孩子，让孩子处处服从自己，从而希望维系做家长的权威。这是极其错误的，它不仅加大了孩子与父母之间的情感距离，影响了父母与孩子的沟通与交流。孩子表面上服从了，内心反抗得却是更强烈了。

请看下面一些我们用于迫使孩子服从的表达方式：

"没人拿军靴搭配短裤，你这样穿疯了吗？"

"你不能穿成这样出去，别人会笑话你的！"

“你不能下边穿运动裤上面穿格子花，这是两种不同的图案！赶紧换一件上衣。”

我们需要敏锐地意识到，压制孩子的个性，会导致他们以外部控制的方式做出未来的一切选择，在外部影响的驱使下确保自己与他人保持一致。此外，也许你摧毁的正是孩子身上最珍贵的东西。看看爱因斯坦和牛顿，那些为人类做出重大贡献的人，他们最可贵的东西往往就是那些最与众不同、最古怪的品质。

我们常听见一些父母在斥责孩子时说：“难道连父母的话你都敢不听了？”或者：“你敢不听我的话了？”“你如今翅膀还没硬啊，就不听话了？”这当然是父母对不肯听话的孩子，气得没有别的办法时才说出的气话。但是，它似乎也成了父母在对付不听话的孩子的最后的一张王牌。

这是些强迫的话，而且还带有威胁。如果孩子很小，是个小学生，听了可能会有些惧怕，因而也会屈从。但是，这种强迫加威胁长久了，对孩子的头脑、思想的发展都会造成一些消极的影响。

“连父母说的话你都敢不听！”这话的背后就是“父母所说的具有绝对权威，而且也是绝对正确的。你必须服从，不容讨价还价”。这是显示父母权威的一种恐吓行为。平日我们常说的“听话”，实质上就是服从。

这种话会妨碍孩子完整人格的发展，影响他们思考力的发育和成长。他们可以成为父母眼中的乖孩子，但同时也可能变成毫无判断能力和无法独立生活的人。

“不容讨价还价”，“不容争辩”。这是我国许多父母对孩子的要求。而在欧美，父母对待子女的态度、教育子女的方法就大不相同。他们在孩子不听从父母的时候，总是先了解孩子的心理，倾听孩子的意见，然后再告诉孩子：“为什么应该这样做？”直至孩子心服口服为止。

相反，不加以任何解释，不做耐心的说服，只是说“难道你连妈妈说的话也不听吗？”这样强迫孩子服从，他们并不知道父母是对的以及对在什么地方；自己是错的，错在什么地方。孩子盲目地服从，也就无从养成自己的判断力，更坏的是有的孩子不服从，消极地或公开地与父母对抗。

错误教育法 3：拿自己家孩子与其他孩子进行比较

为了督促孩子做得更好，很多父母都觉得和别人做比较是个很有效的办法。而这又属于一种有条件的接受。下面是接受访问的父母提供的生活实况：

“你为什么不能像其他孩子一样争取加入篮球队呢？”

“我听说隔壁的李然这学期的成绩单是清一色的 100 分。依我看，要是他能做到，你也行。加把劲啊！”

“你看看隔壁的小雪，人家多懂事。再看你，差得多远啊。”

对于这种说法，结论是明确的：比较只会让孩子觉得自己很没用。通过与他人的对照，父母只是让孩子了解到自己的现状并不完全符合我们的期待。最终，这些孩子会变得不敢从自己的内心来评价自己。他们会习惯于依赖外部的压力（例如他人的观点）来判断自己的价值。换句话说，他们在认识自己的过程中会采用外部控制的方式。

我认为，最好的做法是把孩子自己的过去作为比较对象，而不是别人。这样他们就可以清楚地了解到自己的变化，以及在变化的过程中自己能够做的事情。当他们学会把自己作为尺子，他们就是自我评价的高手了。而自我评价的能力对于自我指引至关重要。

有关方面的权威人士指出，简单地做比较只会增进孩子之间那种常有某种自然性的竞争。

如果一个孩子总是比起来不如人家，他就很可能开始憎恨其他的孩子。

此时，做父母的最好是不要去比较你的孩子，要去真正弄清楚你究竟希望你的孩子做些什么。

父母常犯的错误就是好高骛远，一边觉得自己的孩子是最好的，一边又因为孩子不能达到自己设定的标准而感到失望。他们总希望孩子表现优秀，有最好的前途，因而比较难以容忍孩子在某些方面、特别是学习上不及同龄的人，认为这是孩子的失败，也是自己的失败。

苏姗和李小玲是表姊妹，两个人经常在一起玩。学校刚一放假，李小玲就到大姨家来玩。这天大姨和李小玲在厨房里聊起考试成绩，李小玲很骄傲地告诉大姨，她除了一个良，其余的都是优。“你真是好孩子，学习成绩总是那么好，苏姗，你来一下。”其实苏姗已听到了她们的对话，踌躇着不愿出来。听到妈妈喊她：“苏姗，这次考试考得怎么样？成绩单在哪里呢？”看着她无精打采的样子，妈妈开始生气了：“是不是这次又考砸了？去把成绩单拿来，我要看。”成绩单拿来了，没有一个优，大部分是良。“你真让我感到羞愧！”妈妈忍不住地大声训斥起来，“你的成绩为什么总是这么糟？小玲总能取得好成绩，你为什么不能像她一样，你就是太懒，总是注意力不集中，不专心听讲。回房间去好好想一想，再来跟我谈。”虽然已经不是第一次在李小玲面前受训了，苏姗还是含着眼泪回到房间。

苏姗与李小玲从小就在一个学校上学，她俩家住在同一个小区。李小玲是一个非常聪明、非常出色的学生，不但在家很乖，而且在学校很受欢迎。苏姗觉得自己像个丑小鸭，情绪总是很坏。她多么需要得到善良的鼓励。但她从小就感到来自李小玲的压力，觉得自己无法比得过她，而妈妈不仅没能帮苏姗树立信心，还使她陷入更加泄气的境地。因为妈妈总是夸奖李小玲，数落自己，的确让苏姗伤脑筋。

父母不要老是羡慕别的孩子怎么怎么听话、怎么怎么聪明，转身便对自己的孩子横眉冷对。每个孩子都是一块尚未雕琢的璞玉，都有成为人才的可能性。而这块玉是放出光芒，还是失去光彩，就得看父母如何教育了。

我们很多父母都喜欢光凭学习成绩来评价和比较孩子。成绩优异的，给以赞扬和奖励；成绩差点的，不是责骂，就是嘲笑。要知道，成绩往往只能代表智力，而不能证明孩子的品格、性情及其他潜在的能力。它只能当作评价孩子的一项指标而已。如果你的孩子成绩没别的孩子好，你可以对他说："虽然你现在成绩没他好，但是你很努力，努力了就会取得好成绩。"你的侧重点在鼓励，而不是比较，效果就完全不同了。

父母最好的办法是不要把自己的孩子与别的孩子比较，而是关注自己孩子每一个微小的进步。毕竟，每个孩子有每个孩子的特点。

错误教育法 4：过分地唠叨或挑剔

在家庭教育中，我们时常看到这样的情形，那就是父母尤其是母亲无休止地在孩子面前叮嘱，不停地提醒，不停地督促，对孩子这也不放心，那也不放心，这也看不顺眼，那也看不顺眼。

挑剔就是在别人身上找缺点，并无休止地唠叨。唠叨则是伪装起来的挑剔。这两种形式的评价都在告诉孩子，他们已经误入歧途。通过挑剔和唠叨，我们会使孩子更多地从缺点的角度去认识自己，而不是从自己的优势出发。他们也因此相信：我们的爱和赞许是有条件的。

通过这些没有建设性的挑剔，孩子们习惯于从我们以及其他"有权有势的大人物”的眼中看待自己，而不是依据自己的逻辑思考。所以，每一次在我们挑毛病之前，都要评估一下“说出来到底是好处多还是害处多”。看看下面的例子：

“跟你说多少次了，饭前便后要洗手，你这个邋遢鬼！”

“你看看你，新衣服刚穿上一会儿就弄脏了，你能不能稍微注意一点？”

“又咬手指甲了，跟你说这样不卫生了，还咬！不长记性的东西。”

在家庭教育误区中，唠叨是最常见的一种。尤其是母亲非常喜欢唠叨，她们常常将唠叨错误地看作是责任心的表现：看见孩子犯了错误，我不多批评几句怎么行？一件事我不多嘱咐几遍，孩子忘了怎么行？我这样还不是为了孩子好吗？

虽然父母唠叨的出发点是为了孩子，但唠叨是反复单调的刺激，说多了就会让孩子觉得厌倦、反感或苦闷。

有一首《妈妈唠叨之歌》曾红遍网络。作者是美国喜剧女演员安妮塔。她为了照顾三个孩子的起居，天天唠叨不停。一个偶然的机会，安妮塔灵光闪现，她将自己每天常絮叨的话写成歌词，配着意大利作曲家罗西尼的《威廉泰尔序曲》唱了出来。当这首歌被放到网上后，引起了强烈反响，很多网友表示，这首歌写得“太真实”了，也十分有趣。

《妈妈唠叨之歌》的歌词是：“起床！起床！快起来！去洗脸！去刷牙！记得梳头！这是你的衣服，你的鞋子，你有没有在听我说话啊？别忘了叠被子……”3 分钟的歌曲唠叨了 800 多个字。天哪！多么可怕的一个喋喋不休的妈妈！这首歌一出场，满堂笑声，可见这是大家公认的妈妈的形象。

诚然，父母爱子之心令人感动，但这种不讲究沟通方式的做法，却常常让孩子无法承受。曾经有一个研究中心对千余名学生进行问卷调查。“你最讨厌的家教方式是——”，填写“唠叨”的占65%；“你最理想的父母形象是——”62% 的学生答是“理解子女，不唠叨”。统计得出结论：98% 的母亲被孩子指责为“唠叨”。大多数孩子都对父母的唠叨表现出强烈的不满。

对于父母的唠叨，孩子们相当反感。

某报“家长版”在天津市 63 中学及南开区华宁道小学共发放了300 份调查问卷，进行了有关“你喜欢什么样的家长”的问卷调查。调查显示，父母的唠叨最让孩子厌烦，其次是父母的观念陈旧。在“你的父母唠叨吗”的一项调查中，有 51.5％的小学生、68％的初中生和 72.4％的高中生表示父母很唠叨。从中我们可以看到，随着孩子年龄的增加，讨厌父母唠叨的指数也在不断上升。在“如果可能，想不想换一下父母，你最想换谁，为什么”的调查中，有 12％的同学选择想换父母，想换妈妈的原因大部分是“嫌妈妈太唠叨，会打骂我”。

通过此调查报道可以看出，让孩子最烦心的是“父母唠叨”。看来“唠叨”成了孩子口诛笔伐、恶作剧的对象，值得父母们深刻检讨。

从实际调查看，唠叨给孩子带来的痛苦有时远比暴力还要深切。过分的唠叨并没有起到任何积极的作用，相反却有可能在父母与子女之间埋下一颗定时炸弹。当它爆炸的时候会把亲情炸得支离破碎……

据报道，一次考试前夕，青海省西宁市一名 12 岁的男孩，不堪母亲的唠叨，竟然将亲生母亲杀死。像天下所有的母亲一样，这位 40 岁的母亲一心望子成龙。为了让儿子顺利考上重点中学，然后考上重点大学，她在单位提前办了内退，专门在家照顾儿子。眼看中考临近，母亲在孩子面前唠叨得越来越多，男孩非常反感。

男孩平时的学习成绩非常好，考一所重点中学应该不成问题。

但是由于母亲没完没了的唠叨，带给他太大的压力。最后，因为母亲的唠叨，男孩提出不参加中考了，母子之间发生多次激烈争吵。当日事发时，父亲外出，母亲再次逼孩子参加中考。争吵中，男孩拿起家中的观赏石就向母亲头部砸去，最后，母亲由于头部流血过多导致死亡。

这个触目惊心的案例带给我们太多的震撼。孩子面临中考，本来就有很大的压力，这时候，父母应该体谅孩子的心态，根据他们的具体情况来进行配合。过度的压力，轻则母子失和，最终影响到孩子的考试临场发挥，重则酿成惨剧。

唠叨是说教的一种形式，基本上表现为机械地重复陈词滥调，类似的话反复说多遍，而且几乎每天都说，这就像一只苍蝇盘旋在孩子的耳边，直听得孩子耳朵“磨”出老茧，身心也被折磨得急躁不安，容易使孩子心烦意乱无法进入正常的学习状态。其次，唠叨的内容也大多是指向孩子的弱点、缺点，没完没了的数落、冷嘲热讽，就算说的是好话也多是规劝式的“不许这样”“不要那样”等。让孩子感到自己不受尊重。父母过多的唠叨会让孩子产生自我保护式的逆反心理。消极对抗、沉默不语或者干脆与父母针锋相对以至于恼羞成怒。

父母有责任对子女的不当言行及思想进行批评教育，但是一定要注意形式。不要没完没了地唠叨，实际上，不停地叮咛，不厌其烦，没完没了，甚至苦口婆心，不但没有良好的效果，而且还会给孩子带来许多负面的作用。

首先，父母应该做真正负责任的父母：父母爱子女，不仅要看动机，还要讲实效，这样的父母才是真正尽到了责任。

其次，父母应该多进行换位思考，考虑一下孩子的感受，不断克服爱唠叨的毛病。那种只考虑自己主观意愿，不顾孩子感受的做法，是一种简单偷懒的教育方法。

再次，不要用唠叨强行命令孩子。父母在教育孩子的时候，一定要有平常心态。孩子毕竟是孩子，有一个成长发展的过程。尤其不要用唠叨这种形式强行让孩子服从，这样做只能引起孩子的反感。

另外，父母应该更多地掌握和孩子交流的方式。我国著名教育家陶行知先生就善于变化二十多种说法来表达同一意思。我们父母虽然不用掌握这么多，但至少应学会变换几种方式与孩子交流。父母应该经常思考，用哪一种教育方式更好，用什么样的方式与孩子交流最合适又最有效。给孩子写信、留字条，引导孩子主动剖析自己，这些都是值得尝试的办法。

错误教育法5：对孩子破坏性批评

孩子犯了错误，父母如果批评过于严厉，会挫伤其自尊心，甚至引起反抗；而如果批评不力，平平淡淡又不能震撼其心灵，他就会觉得无所谓。因此，父母必须从爱护孩子出发，一语道破严肃而又中肯地指出其错误所在、错误性质和危害，彻底揭穿其借口抵赖的心理，并帮助他找出今后改正的办法。这样做，一般就可以达到批评的目的。

美国一个权威的咨询机构，曾对小孩进行过一次测试，结果非常惊人。他们发现，孩子一岁的时候，想象、创造力高达96%，但随着年龄增长会减少，7岁时（上学以后）发生逆转；到10岁的时候，孩子丰富的想象力、创造力不见了，只剩下原来的4%！孩子们的想象力和创造力究竟怎么不见了？！于是，该机构决定对1万名孩子进行跟踪调查，对他们的各成长阶段进行监测。最后发现，小孩在成长（0—10岁）的过程中，平均要遭受超过两万次的“伤害”！其中对幼小的心灵伤害最大的，就是来自父母的“破坏性批评”！这对稚嫩的心灵而言，不啻是一次次人身伤害。

这些痛苦的记忆，深深刻在孩子心中，严重影响孩子的成长和发展，直接导致了害怕失败、害怕被拒绝，胆小、懦弱、犹豫、忧虑、找借口等消极心态。

破坏性批评的第一种表现，就是批评的时候对人不对事，直接进行人身攻击。

比如说："你怎么这样蠢？我早就知道了，你是个笨蛋、傻瓜，一点用都没有！你只有吃饭厉害，饭桶！没治啦，没救了，我就当你死了，就当没这个孩子，当初不生你就好了，你看人家 ××，怎么就那么乖……"类似的批评任何人都不会陌生。

小的时候，父母这样批评我们；成年了，同事或领导继续如此这般；我们又像我们的父母一样正在这样对待我们的孩子……多么可怕，在这个世界上，时刻都在发生"破坏性批评"！或许，做破坏性批评的父母会说："我们也是一片好心呀！虎毒不食子，我们是为了教育孩子，是为了让孩子学坏，让孩子更争气……"

当然，这些父母的出发点并不错，破坏性批评带来的"破坏"确实也是无意的，但其结果却是非常严重的。

破坏性批评本身就是父母消极心态的表现，是父母自己各种不如意的消极情绪在孩子身上的发泄。因而，进行破坏性批评时，孩子受到的是双重消极影响：他们一方面直接承受破坏性批评的伤害；另一方面，父母是在做破坏性批评的示范，使孩子在潜移默化中学会了这种错误的发泄方式。

破坏性批评直接摧毁人的自尊，使被批评者增加心理负担，扭曲心态，孩子的自信心会因此而消失殆尽。他开始自怨、自怜、自暴自弃，害怕做任何事情，逐渐自我设限，丧失勇气，胆小懦弱。总之，破坏性批评这种"教育"方式会直接伤害孩子，给孩子造成巨大的思想负担，严重的会影响孩子的一生。

相反当你采用恰当的、积极性的批评时，反而会取得很好的效果。下面这些方法你不妨一试。

日本小提琴教育家铃木镇一先生曾回忆起他小时候的一件事：上一年级的时候，我做错了一件事，母亲告诫我："不许干！"受到母亲的批评后，我心里不舒服，就强硬地同她顶嘴，我以为母亲会大发雷霆。可母亲当时只是直愣愣地盯着我，难过地流下了热泪，然后一声不响地出门去了。望着母亲渐渐远去的背影，我心里升起一股难以抑制的内疚之情，我一直倚在门边等候母亲的归来。我暗暗想："我以后再也不同母亲顶嘴了，她可是从未训斥过我的母亲啊！"无声胜有声，这就是沉默式的批评。

再如故事批评、爱心批评、谈心批评、幽默批评、激励批评、赏识性批评等等，都有利于使孩子以积极心态去接受批评，改正自己的错误。

有一位老师对犯错误的孩子总是给足面子，从不当众批评。一次他把一个犯错误的同学单独叫到办公室，第一句就是："老师简直不敢相信像你这么好的孩子怎么能犯这样的错误？你知道你在老师和同学心目中的位置吗？你是老师的骄傲，全班同学的自豪啊！"这就是赏识性批评，这样的批评，哪个孩子不愿接受？

还有一种就是幽默批评。周弘的女儿周婷婷，小学写作文时最后一句话总是："然后，我们高高兴兴地回家了。"周弘于是就和女儿开玩笑，用各种语调跟女儿说："然后，我们高高兴兴地回家了。""然后，我们高高兴兴地回家了——"在这种快乐的气氛中，小婷婷知道了自己的毛病，并予以改正。这就是幽默批评。

破坏性批评的第二种表现，就是增加孩子的内疚感。"孩子，爸爸妈妈很辛苦啊，你一点不争气，一点都不像其他的同学那么乖，那么聪明。你这样怎么对得起爸爸妈妈？！”也许更多的东西孩子不知道，但有一点是知道的，就是我不好，不争气，我要补偿，我要报答。如果经常发生，孩子要偿还的“欠债”越积越多，便会陷入深深的自责而产生负罪感，幼小的心灵就背上了沉重的忏悔的十字架。

破坏性批评的第三种表现比较隐蔽，就是有条件的爱。这也会给孩子造成伤害。“你考 90 分以上，我才给你买玩具，带你出去玩！”“你做到了，妈妈才爱你！”……从此，孩子知道了，“爱”并不是无私的，爱是有条件的，甚至是虚伪的。

我们似乎倡导以批评为主的教育方式：不教不成人，棍棒出好人。总是批评多于表扬。这实际是消极心态占了上风。人们总在寻找或注意应该批评的那一面，形成了教育的误区。

错误教育法 6：对孩子不准确的评判

没有什么比评判对孩子的影响更持久了。它会强迫孩子把自己的想法局限于我们所设定的范围之内。下面这些话就是我所说的总评判：

“你总是丢这丢那！要是不把螺丝拧紧，我看你得把自己的脑袋也给丢喽！”

“你怎么总是这么懒散，振作起来。”

“你什么事儿都做不好！”

一般情况下，这种结论都会包含类似“从不”或“总是”这样的字眼。这让孩子们觉得，没有任何可能去改变我们对他们的印象。他们会认定，自己的缺点是如此根深蒂固，以至于每一个想法和行为都受其限制。实际上，这也同时在阻碍他们从自己的内心去认识自我。

有的父母，望子成龙、望女成凤心切，于是他们不顾及孩子的兴趣和能力，不理解孩子发展的需要，强迫孩子按照自己的标准和想象的模式生活，常常会把自己的孩子跟别人作比较。当孩子达不到自己的要求时，便随意做出“没出息”等消极判断，使孩子产生自卑感。

为人父母者对孩子的评价一定要客观，实事求是，应从孩子的实际能力出发，调整不切合实际的期望和不恰当的评价。做教师也一样，对孩子提出要求时要先考虑孩子通过努力能否到达所定的目标，只要在原有的基础上有所进步，就要对孩子大加赞赏，从而增强孩子的自信心。

错误教育法7：对孩子空洞说教

孩子判断是非善恶，多凭直观感觉。因此少给孩子讲空道理，多选用实际事例对孩子进行教育，方能收到较好的效果。有的父母在教育孩子时，经常进行空洞的说教，反复唠叨，孩子左耳朵进，右耳朵出，效果很差。

下面这样的话都是典型的例子：

“你要树立远大的目标。一个人没有目标就没有方向。”

“你要学会感恩，父母养育你不容易。”

“你做什么事都是最好的。”

在这些话里，孩子听到的是空洞说理，根本不知该如何去做。

成功父母在给孩子讲道理时，往往生动形象，在孩子脑海里产生画面，效果好。

且看一位母亲的精彩“表演”。

一天早晨，这位母亲做了两碗荷包蛋面条，一碗上面放了一个鸡蛋，一碗上面无鸡蛋。端上桌，母亲问特别喜欢吃荷包蛋的儿子：

“你吃哪一碗？”

“蛋的那碗。”儿子指着有蛋的那碗。

“让我吃那碗有蛋的吧！孔融四岁能让梨，你也十岁啦，该让蛋了吧？”母亲说。

“我又不是孔融，不让！”

“不后悔？”

“不后悔！”说着，儿子就吃了起来。

待儿子吃完，母亲开始吃，儿子看得清清楚楚：母亲的碗里藏了两个荷包蛋。

“记住：想占便宜的人，往往占不到便宜！”母亲指着自己碗里的两个荷包蛋，边吃边告诫儿子。

第二次，母亲又做了两碗荷包蛋面条。一碗上面放了一个鸡蛋，一碗上面无鸡蛋。问：“你吃哪一碗？”

“孔融让梨，我让蛋！”儿子吸取了上一次的教训，笑着端起了无蛋的那碗面条。

“不后悔？”

“不后悔！”

儿子吃到底，也不见一只蛋。母亲的碗上面放一只荷包蛋，下面又藏了一只。她又让儿子看个分明。

“记住：想占便宜的人，有时候反而会吃亏！”母亲指着荷包蛋对儿子说。

第三次，母亲又做了两碗荷包蛋面条。一碗上面放了一个鸡蛋，一碗上面无鸡蛋。端上桌，母亲问儿子：“你吃哪一碗？”

“孔融让梨，儿子让面，妈，您是大人您先吃！”

“那我就不客气啦！”母亲端着上面放着一个荷包蛋的面条，儿子随后端着上面没有荷包蛋的那碗面条。吃着吃着，儿子发现自己碗里也藏着一只荷包蛋。

“不想占便宜的人，生活也不会让你吃亏。”母亲对惊喜的儿子说。

儿子连连点头，认为母亲说得有道理。

通过巧妙的构思，让孩子“品味”做人的道理。这位母亲真是高明！

讲道理时不能信口胡说，也不能苛求孩子，因为父母信口胡说，孩子是不会服气的，父母的要求过分苛刻，孩子也是办不到的。

父母培养孩子若经常施以暴力而不和孩子讲道理，会造成孩子心理变态，到那时，孩子恐怕反过来对父母也不讲道理。所以，以理服人，人才服你，这样才能培养出道德良好、心理健康的孩子。

错误教育法 8：任意否定孩子

我们有很多父母总是在贬低自己的孩子，觉得孩子浑身毛病，哪都不好，见到孩子就只有批评，认为只有这样才能让孩子越来越成器。孩子总在批评和否定的环境中成长，长大了会出现什么情况？

有一些孩子身上有一些缺点，父母恨铁不成钢，便在生气的时候对孩子任意否定，“小坏蛋”“没心肝的”“笨蛋”等称谓在父母的口中经常不经意地说出。父母并没有意识到这些看似不起眼的词语给孩子带来多么大的伤害。

当父母“不厌其烦”地重复这些词眼的时候，他们并不知道这些词眼会在孩子的心灵深处造成也许并不明显却刻骨铭心的伤害，使他们被这些轻率的否定压得喘不过气来，从而自甘堕落。

从小到大，牛宏光的父亲就不喜欢他，总说牛宏光看着像流氓，还给他起了一个外号叫“监狱的苗子”。每当牛宏光犯了错误，父亲总是对他拳打脚踢，打到最后总要补充一句“你就是监狱的苗子，早晚进去”。好几次，牛宏光哭着问妈妈：“我是不是很坏，我真是监狱的苗子吗？”每一次，母亲都是无言以对。五一劳动节时，牛宏光在路上捡到一个钱包，没想到拿起钱包没走多远就被失主碰到，失主抓住牛宏光不由分说，就把他送到派出所。任凭牛宏光怎么解释，都无济于事。当天下午，牛宏光的父亲来到派出所把他带回家。一回到家，父亲就把牛宏光一顿打，口中还是不忘骂一句“监狱的苗子”。

一个月后，牛宏光再次被警察带进派出所，父亲再打他时，他总是眼睛直直地看着父亲，只说一句话“我不就是监狱的苗子吗”。当牛宏光因为故意伤害罪被判刑时，他在法庭上说他最恨的就是父亲。

在上面的这个案例中，对牛宏光伤害最大的不是父亲的毒打，而是父亲的恶语相向，不断地否定孩子。父亲一次又一次地指责牛宏光是“监狱的苗子”，这给牛宏光造成了非常大的伤害。牛宏光在父亲的这种辱骂下渐渐失去了自信，变得自己都怀疑自己是不是真的是坏人，是不是真的是“监狱的苗子”。牛宏光也努力想改变父亲对他的看法，但是，事与愿违。一场误会后，牛宏光索性破罐子破摔，干脆就当起了“监狱的苗子”。

父母很多时候因为孩子在某方面不尽如人意，就用某一特征给孩子一个负面的定性，父母这一举动给孩子带来的伤害是非常严重的。一方面孩子会因为父母的言语而伤害自尊心，认为父母不爱自己，从而自责。另一方面，被轻率否定的孩子长期被指责，容易产生抵触心理，索性就破罐子破摔。孩子以自甘堕落的方式报复父母，给家庭带来毁灭性的打击。

父母应该学着欣赏自己的孩子，学着鼓励自己的孩子。孩子需要的是赏识，需要的是信任。父母千万不要片面地夸大孩子的缺点，更不能乱给孩子身上贴上负性标签。

当孩子在某方面暴露出不良行为时，父母有责任帮助孩子一起尽可能地克服这些行为。父母在这个时候要格外冷静，要多想想孩子的优点。想办法如何更好地帮助孩子意识到这些不良行为并及时改正。乱贴负性标签是不负责任的表现，会为家庭关系破裂埋下祸根。

用鼓励代替责骂，用信任代替怀疑，用赏识代替否定，这样不但有利于孩子获得自信，从而努力按照父母的期望去做，而且有利于增强父母在孩子心中的威信，有效的缓和家庭关系。

错误教育法9：有条件地爱

父母与孩子之间的爱是一种天性，是没有条件和理由的。

然而在生活中，我们常会听见这样的话："宝宝要乖，要听话，妈妈才爱你，才带你出去玩；宝宝要是不乖，不听话，妈妈就不爱你，也不带你出去玩了！"这样的说法也许可以取得管束的效果，可是却会带给孩子一个错误的观念："我要乖，妈妈才爱我；我不乖，妈妈就不爱我！"于是，父母对子女的爱无形中被冠以某些条件与前提。

然而，孩子不乖，并不能改变他是你的子女这一事实。我们奉劝父母们，请不要用条件交换你对孩子的爱！

真爱是有目标的，那就是爱孩子本身，而不是孩子的条件，如聪明、乖巧、好成绩等等。

当真正明白"爱"的含义之后，爱的方式成为至关重要的问题。作为父母，应该让孩子知道父母是爱他本身，而对于孩子的表现与行为，则该贬就贬，该褒就褒。爱通过这种方式来传递，父母与孩子之间就可以搭建起亲情的桥梁。

有些父母十分爱自己的孩子，却又偏偏表现得很冷淡，使孩子不敢接近。父母爱孩子，一定要让孩子知道，除了言语之外，在生活上也应随时传达你爱他的信息。比如，你可以拍拍他，和他两眼平视、地位相等地谈话，让孩子感受到爱的温暖。如果你真的爱他，也请不要强迫他做不愿意做的事，或在别人面前诉说他的不是，体谅他、了解他就是爱他。

孩子的行为，是孩子不懂事或真正心迹的体现，所以对于孩子的表现父母必须表明自己的态度，对于错误的表现可以指明。

我们常常发现，当孩子不小心闯祸时，父母会很过分地责备孩子。比如，孩子不小心弄翻了汤碗，妈妈会说："你啊，真是笨哟！我小时候就不会像你这样，简直笨得要命！"又如，一个小男生不敢去参加运动会的比赛，父母很可能说："你啊，真没出息，这么没出息，你就不要当我的儿子了！"于是，孩子可能就会在父母的不断责备下，愈来愈笨，愈来愈没出息了！

其实，父母的责备，并不是不爱孩子，可是这样的责备会使孩子丧失自信，很可能从此就真的成为父母口中的"笨人"和"没出息的人"了。父母有责任向孩子指出他错误的表现，并督促和鼓励他纠正，但千万不可否定孩子本身。提醒父母，千万不要给孩子取"小傻瓜""小笨蛋"的诨名，否则你会后悔这竟是一语成谶啊！

对于孩子的积极行为如何正确给予鼓励也是十分重要的。在竞争激烈的社会，父母常有机会"奖励"孩子，尤其是孩子成绩好的时候，衣服、鞋子、脚踏车，父母是很舍得花钱的。当然，父母奖励孩子并没有错，可是在无形当中，却给了孩子一个错误的观念，他会以为："只要我成绩好，父母就会对我好！"于是，他就会想尽办法去争取好成绩，以得到父母的赞美和鼓励。事情发展到这样，爱就变得有条件了。

为人父母者，应该放弃"功利"的观念，无条件地去爱，爱孩子本身，而不是只爱他的表现和成绩。父母应让孩子明白：如果有一天他走错了路，父母仍然会爱他，等他走回康庄大路。

从小就应该灌输给孩子，无论是责任、荣誉、苦难、欢乐，你是可以和他分享的，你之所以和他分享，没有理由，因为他是你的孩子。

错误教育法 10：家庭内部教育不一致

父母在教育孩子的问题上有时候观点不同，方法不一，于是导致了家庭教育不一致，一方往东，一方往西，孩子夹在中间左右摇摆，不知道应该听父亲的还是应该听母亲的。结果父母两个人的教育效果都大打折扣。

存在分歧很正常，但是在面对孩子时要尽可能地寻求一致，如果父母本身都在举棋不定，那么我们的孩子怎么可能得到正确的教育呢？

有一个家庭，父亲与母亲采取的是不同的教育方式，而且观念有时也有很大的出入。比如父亲主张男孩子要勇敢，要有冒险精神，初中二年级，父亲就带着儿子去攀岩。结果母亲知道后大骂丈夫不懂事，埋怨他不注意孩子的安全。而后还郑重其事地警告丈夫不许再带孩子参加危险的活动。

母亲从来不让儿子和学习不好的同学来往，生怕这所谓的“差生”带坏了儿子，父亲却告诉儿子要尊重别人，差生也有优点，也可以交往。

母亲觉得要对儿子好，就要舍得花钱，要鼓励儿子，奖励儿子。名牌服装、名牌球鞋、名牌自行车一样不少……父亲却认为用物质奖励不是好办法，会使孩子单纯为得到奖励而学习，应该让孩子意识到学习的重要性，没必要用奖品来鼓励他。内部教育不一致的结果导致儿子学会了左右逢源，如果想花钱就找妈妈，爸爸管不了；如果想玩的时候就找爸爸，妈妈管不了。

父母在教育方面难免会有不同的意见，但是面向孩子时，父母之间应该寻求一种妥协，以比较合适的教育方式、统一的方式和一致的观念来教育孩子。如果家庭教育内部教育不一致，一方面会让孩子无所适从，不知道如何判断对错，孩子不敢听从任何一方，又不敢不听从任何一方；另一方面，容易给孩子可乘之机，虽然不见得孩子会做什么事，但是他如果利用父母意见的不统一来向自己喜欢的一面努力就会有问题。如果父母一方教育孩子时，另一方面横加干涉，孩子就会认为在这个问题上不听从没什么关系，这样会给教育带来障碍。

吃饭时间到了，却又玩又闹，不好好吃东西。妈妈要管，爸爸却说："随他去吧，小孩子，饿了就会回到餐桌旁的。"结果，饭后妈妈好不容易把一切收拾干净，一扭身却见儿子用一双脏手在厨房菜盘子里抓着吃。母亲当然不能允许，父亲却说，"饭还没有凉，让他去吃好了。"孩子认为父亲才是自己的救星，妈妈居然不让自己吃饭，真不是一个好妈妈。以后每当做了不应该的事都要向爸爸求救，只要用乞求的眼神望着爸爸，爸爸就会为他解围，妈妈一点办法没有。妈妈反倒没了地位，没有了说话的余地。

这位父亲所表现的一切并不体现教育和指导的意义，而是有意偏袒、庇护，是一种溺爱。往往母亲正费力纠正的毛病被爸爸一个赞许的眼神却给肯定了。父母在教子问题上不能很好地沟通，造成孩子与父母之间难以协调，孩子无形中对父亲产生过分的依赖，反正有爸爸撑腰，有爸爸管着、护着，妈妈也不能把我怎么样，从而放任自流。孩子在父亲的支持下打败了母亲，挫败了母亲纠正他错误行为的意图，助长了孩子的错误倾向。

有的家庭恰恰相反，父亲严厉管教，母亲却时时流露出对孩子的一种歉意，父亲刚刚教训完，孩子哭泣的泪还没干，母亲就迫不及待地将孩子叫到另一间屋中，又是给糖果，又是拥抱，仿佛孩子接受的不是教育而是无端的责难和惩罚。

无论父母哪一方过于严厉或过于放纵，若在孩子的教育过程中暴露出矛盾，都会带来负作用。

要让教育有效果，父母要步调一致，这样能够形成一股合力，教育效果会更好。

父母意见不统一，尤其不要在孩子面前表现出两人的意见不合，导致内部教育不一致。父母一定要互相交流，把问题列举出来，对于意见分歧较大的问题可以向老师或专家请教，如果无所谓对错，父母间要友好协调，以其中一个人的观点为主。

当涉及到具体问题时，父母之间一定要有一个一致、明确的态度，即使有争执也不能在孩子面前。但是并不是说一定要按照某个人的态度一直执行下去，如果在实施过程中确实认识到应该改进的，或者一方的观点不合理，可以进行适当的调整，但前提也同样是在孩子面前保持一致。

错误教育法 11：迷信自己的权威

如今社会上学会“道歉”的人已越来越多，甚至还出现了各种类型的“道歉公司”，这无疑是社会进步的标志。但有不少人在家中却从不道歉，尤其是作为父母，更不愿向孩子道歉。殊不知，父母学会并勇于向孩子道歉，正是家庭教育中的明智之举。

在家庭教育中，父母如果从不向孩子承认自己的缺点、过失，孩子就会产生“父母永远正确而实际上老是出错”的观念，久而久之，对父母正确的教诲，孩子也会置之脑后；而如果在某些事情上做错了，父母能郑重地向孩子认错、道歉，孩子就会懂得承认错误并不是一件可耻的事，就会提高分辨是非的能力，对犯错的人加以原谅。

比如当孩子“闯祸”后，一些父母由于一时的感情冲动，往往会对孩子进行不恰当的过重的批评或惩罚。事后，父母又往往会后悔。这时，如果父母能勇于真诚地向孩子道歉，用自己的行动补救自己的“过失”，则常能引导孩子更好地走自己的路。

被称为“西班牙王国上空的一颗光辉灿烂的巨星”的拉蒙·依·卡哈的成长，就说明了这一点。卡哈小时候很调皮，13 岁他运用所学知识造了门“真”的大炮，一发射，把邻居家的孩子打伤了，闯了大祸，被罚款和拘留。当他从拘留所出来后，身为外科医生后通过刻苦自修当上萨拉大学应用解剖学教授的父亲，把卡哈这个“顽童”着实训斥了一顿，并责令他停止学业，学补鞋子。后来，父亲越来越觉得这种处罚过于严厉，孩子闯了祸是要管教，但不能因此而因噎废食。于是，一年后，父亲上补鞋铺接回了卡哈，搂着孩子深情地说：“我做得不对，我向你道歉。我不该因为你闯了一次祸而中断你的学业。从现在起，你就在我身边学习吧，你会有出息的！”从此，卡哈潜心学习骨骼学，终于成为举世瞩目的神经组织学家，后来还荣获了诺贝尔奖。

有的父母认为“向孩子认错、道歉，会失面子，会失去权威”的担忧是多余的，父母学会向孩子“道歉”，对教育孩子无疑是大有裨益的。父母在家庭教育中出现过失、错误时，理当采取明智之举，勇于向孩子“道歉”，这样，定会让孩子笑逐颜开！

如果做父母的有了错误，能主动向孩子道歉，那么当孩子有错误时，他也会主动承认错误，主动道歉。

错误教育法 12：对孩子大声吼叫

有的父母，一旦孩子犯了错误，就大喊大叫，生怕别人不知道。其实，大喊大叫，对孩子来说是没有用的。相反，倒不如轻声细语的与他交谈。

老杨的儿子小杨很淘气，到处闯祸，三天两头有人找上门来告状。每当人家告上门来，老杨都点头哈腰地赔礼道歉。送走了来人，老杨便训斥儿子，吼声如雷，直到儿子保证不再犯为止。可是，过不了几天，小杨又闯了祸。老杨的太太对这父子俩无可奈何，不知该怎样对付。

心理学研究表明，一个信息的表达，语言占7%，声音占38%，表情占55%。教育孩子的内容再好，一“吼”也就吹了。其实，为人父母者不妨坐下来，以促膝谈心的方式，心平气和地对孩子晓之以理，动之以情，导之以行。

孩子是怕批评的，这是他们潜在的心理负担。一旦受到训斥，这种心理负担就会转化为心理压力。孩子怕惩罚，精神紧张，焦虑不安；加上自我保护的本能激起心理防御，以致不敢亦不愿说出真情。这时，倘若父母用和蔼的态度、低缓的声调开导、说服，孩子的心理上将得到安慰，紧张得以松弛，情绪趋向平稳，父母的说教便容易被接受。

孩子调皮捣蛋，屡屡闯祸，必然常遭严责，他们可以说是在斥责声中长大的。在这种孩子的心目中，父母是不可亲近的人，情绪对立，对父母的要求，往往一概拒绝。即使被迫接受，也是阳奉阴违，有时甚至反其道而行之，故意挑起事端，闹恶作剧，借以报复、泄恨。

如果降低批评的声调，心平气和地就事论事，不计前嫌，真情实意地帮助孩子纠正错误。这样，孩子的戒备心理将得以解除，转向接受教育。

对话是亲人之间交换思想、增进了解最常用的方式。低缓声调的交谈，像讲悄悄话一样，容易引起孩子跟父母说话的兴趣，觉得父母尊重自己，所讲在理。这样，父母在孩子心目中才真正成为亲人。

第 3 章

15 个简单方法，让你轻松做父母

纠正孩子坏行为，需要父母更多地去引导孩子而不是去约束管教他们。无论对孩子还是对父母来说，对得体、优良的行为进行引导是非常有效的，而且会减轻父母和孩子双方的压力，更容易寓教于乐。

孩子的不良行为是可以纠正的，关键在于方法要正确。

中国科学院心理研究所王极盛教授，对家庭教育进行跟踪调查，得出的结果令人震惊：我国有 2/3 的家庭教育方式不当。王教授通过调查，将目前我国的家教方式分为四种类型：过分干涉型、过分保护型、严厉惩罚型和温暖理解民主型。

调查表明，在 2/3 不当家庭教育方式中，过分干涉和过分保护型父母各占 30% 左右，严厉惩罚型约占 10% 左右。只有 30% 的家教方式是好的，属于真正的温暖理解民主型的家教。

过分保护型的父母对子女的一切都包办代替。有的孩子上了初中，还不会自己穿衣服。孩子终将走向社会，父母对小学生特别是中学生的过于保护，对其心理健康和个性发展是极其不利的。这样会使孩子依赖性很大，社会适应性很差，将来任何挫折都经受不住。

过分干涉型的父母对子女的所作所为划好框框、定好调调，规定好这样能做，那样不能做，对子女干涉过多，每顿饭量多少、洗澡水的冷热、衣服的颜色、鞋子的款式等统统要干涉。还有的父母对素质教育认识偏颇，过分干涉孩子的生活，几点钟干这个，几点钟干那个。过分干涉会使孩子创造性思维受到很大影响。

严厉惩罚型的父母只是把孩子当作自己的“私有财产”，而没有将之作为一个独立的人与其平等相处，尊重其人格。有的父母对孩子考试不好就打骂，认为不打不成才。王教授指出，严厉≠严格。这种教育方式会产生两种结果，一种会造成孩子退缩、胆怯、自卑等不良性格，在一定条件下可导致孩子的心理障碍。另一种会形成孩子暴躁、敌对、蛮横无理、说谎等不良行为。

温暖理解民主型是一种好的、积极的教育方式，即对孩子晓之以理，动之以情，鼓励孩子追求真理，有主见，善于倾听不同的意见，宽厚待人。父母对子女的理解与情感温暖是一种信任，一种心理沟通和支持。这种教育方式能保护子女的自尊心，能调动子女的心理潜力，产生积极的心理效应。其表现在有良好的行为、遵守社会公德、遵守社会秩序、学习目的明确、学习成绩较好等。

父母要做的最关键的一件工作，就是引导和帮助孩子进行自我控制。这样做了以后，你会发现孩子总体来说还是愿意表现出良好的举止和行为的。在他们失控的时候，如果父母能把他们从行为不端和失礼的状态中解救出来，他们最终会非常感激父母所做的这一切。

这里，我综合多位专家的研究成果，重点讲述 15 种方法。运用这些方法，可以让父母给孩子创造出一个截然不同的世界。

方法 1：以身作则

世上最难的事情就是树立一个良好的榜样。在家庭教育中，父母对孩子的行为举止都会产生很大的影响。无论父母是否注意到，你的孩子一直都在关注着你，吸取你处理沮丧的方式、恼怒时候所采取的行为、你的诚信度、你对新人新事所采取的态度和反应，还有你对某件自己喜欢的事情所表现出来的反应。为人父母会促使我们重新评价一些我们自己的行为。为了给孩子树立一个良好的典范，可能会在很多方面改变自己的行为举止。父母要用自己健全的人格塑造孩子，在孩子身上，父母可以找到自己的影子。因此，父母要从各方面加强自身修养，努力提高自己的素质。教育孩子，先从教育好自己开始。

有一次，江宁跟妈妈一起去超市，碰到了妈妈的同事齐阿姨。江宁就像没看到一样，不仅没有跟齐阿姨打招呼，甚至脚步都没停。齐阿姨招呼他，他也只是勉强回答，十分没有礼貌。江宁的妈妈非常尴尬。

回家后，妈妈把江宁叫到身边，非常严厉地对他说："江宁，妈妈发现你对齐阿姨讲话时，没有运用礼貌用语。我跟你说过多少次了，你就是记不住！"

江宁顶嘴说："妈妈你不能怪我，虽然你总是教我要尊老爱幼，可你从来没有尊重过我奶奶！这些我都记得！"妈妈听了江宁的话，刹那间脸红了。

对孩子进行教育，父母应先做出榜样。正如列宁夫人克鲁普斯卡娅所说："家庭教育对父母来说，首先是自我教育。"家庭是孩子最基本的生活和教育单位，父母的一言一行、一举一动，都是孩子的模仿源。孩子最初的行为习惯都是从父母那里学来的。因此，面对天真的孩子，父母要特别重视榜样对孩子的巨大影响，时时处处为孩子树立好的榜样。

俗话说："说一千，道一万，不如做个样子看一看。"父母是孩子的第一任老师，父母的言行在很大程度上影响着孩子的言行。让孩子做到的，自己要首先做到。

方法 2：注重第一次

孩子的很多行为都是从第一次开始的，父母应重视并抓住每个"第一次"的教育时机，这是养成良好行为的开端。培养孩子的良好行为，要先打好基础，注重第一次或前几次良好行为出现后的鼓励和强化，以及不良行为出现后的教育与矫正。教育家陈鹤琴对此曾有过精彩论述，他认为："无论什么事，第一次做得好，第二次就容易做得好；第一次做错，第二次就容易做错。儿童种种坏的习惯，都是由于开始学的时候，他们的教师或父母没有留意去指导他们的缘故，以致后来一误再误，成为第二天性；要把小孩子教得好，必定要在第一次的时候教好。所以，对于第一次的动作，做父母和教师的要格外留意指导，以免错误。”

我的孩子天天刚上小学时，第一次放学回来，我就不失时机地告诉她：放学后，第一件事就应该是写作业，作业完成后才能玩。所以孩子从上学到现在，无论是星期天还是节假日，“学习完后再玩”已经成了孩子一种良好的行为模式。学习完后，将桌椅、书包整理好，睡觉前看几页课外书等习惯，也已经成了天天生活的乐章中不可缺少的音符。这一切都源于“第一次”的指导，所以，只有不轻易放弃第一次，才会有第二次、第三次……对于第一次的不良行为，一定要及时纠正。

习惯的养成往往是从第一次开始的，父母作为孩子的第一任老师，应重视并抓住每一个“第一次”的教育时机，这是养成良好习惯的开端。

第一次，对孩子的影响是非常大的，孩子是否会依赖这个行为模式一直走下去，关键就在于他第一次得到的外应如何。因此，我建议父母们，在培养孩子良好行为的同时，要特别注重第一次。

美国著名教育家曼恩说：“习惯仿佛像一根缆绳，我们每天给它缠上一股新索。要不了多久，它就会变得牢不可破。试想，如果绳索在一开始的时候就没有缠好，即使你再缠上100道绳索，也只能越缠越歪。因此，要先打好基础，注重第一次或前几次良好行为出现后的鼓励和强化，以及不良行为出现的教育与矫正。这样，在每天缠上新的“绳索”的时候，习惯就会变得牢不可破。

习惯的养成往往是从第一次开始的，父母作为孩子的第一任老师，应重视并抓住每一个“第一次”的教育时机，这是养成良好习惯的开端。

这是一个大家都比较熟悉的故事：1988 年 1 月 18 日的巴黎，一间宽敞的会议室里围坐着近百人，大家在热烈地讨论着什么。看看悬挂的横幅，才知道今天有75位诺贝尔奖金获得者在此聚会。这时，一位年轻的记者站了起来，他走向一位白发苍苍的诺贝尔奖获得者，开始了对他的采访：“您在哪所大学、哪个实验室学到了您认为最主要的东西呢？”这位白发苍苍的老科学家回答：“是在幼儿园。”记者愣住了，少停片刻又问：“您在幼儿园学到了些什么？”科学家耐心地回答：“把自己的东西分一半给小伙伴；不是自己的东西不要拿；东西要放整齐；吃饭前要洗手；做错了事情要表示道歉；午饭后要休息；要仔细观察周围的大自然。从根本上说，我学到的全部东西就是这些。”

的确，习惯的养成往往是从小开始的，父母作为孩子的第一任老师，当然十分重要，但孩子进入幼儿园、小学后，许多习惯都是第一次接触，我们应重视并抓住每个“第一次”的教育时机，这是养成良好习惯的开端。

方法 3：赏识孩子

孩子对自己的认识和评价大多是依据他人对自己的评价而得来的，因为他们幼小的心灵还无力形成对自己稳定的评价。因此，外界的批评或表扬，会在很大程度上影响孩子的情绪和行为。每个孩子都是优秀的，都有其闪光点。父母要多赏识孩子的优点，鼓励孩子的进步。赏识教育专家周弘主张要给予孩子积极的鼓励，他说：“无论什么人，受激励而改过，是很容易的，受责骂而改过，是不大容易的。小孩子尤其喜欢听好话，而不喜欢听恶言。如果父母总是用消极的办法来对待孩子，其结果，小孩子改过得少，而怨恨父母得多，即或不怨恨父母，至少也会有一点不喜欢父母。”赏识鼓励孩子，就是要给孩子肯定的教育，是承认差异、允许失败的教育，是充满人情味和生命力的教育。

海伦·凯勒是美国19世纪一位又盲又聋的伟大女性，6岁半时一个字也不会说，18岁时却会5国语言，轰动全世界。

一天，赏识教育专家周弘在看《海伦·凯勒传》时，无意中发现海伦的生日是1880年6月27日，脑子一闪，精神为之一振。女儿婷婷的生日是1980年6月29日，天下竟有如此巧合的事！他按捺不住心中的喜悦，箭一般地冲回家，兴奋地抓住女儿说：“婷婷，太好了，天大的好消息被发现了。我一直在纳闷，你为什么这么聪明，这么有灵性，原因终于找到了。搞了半天原来你是海伦的‘转世’啊！”“为什么这么说？”女儿不解地问。“你看，你的生日跟海伦相差整整100年，一天不差。”“真的吗？”婷婷瞪大了眼睛。“白纸黑字，一天不差。”周弘把书递给婷婷。婷婷连忙凑过来，一看，有点失望。“她是6月27日，我是6月29日，相差两天。”周弘不慌不忙地解释道：“据我了解，一天不差，海伦妈妈生她时是顺产，你妈妈生你时难产，刚好耽误了两天。顿时，婷婷两颊飞红，两眼放光，仿佛海伦的血液在自己的血管里奔腾，海伦的灵魂在自己的脑海里游荡，感觉找到了！许多年后，婷婷自己讲，海伦给了她无穷的力量，小时候做事遇到困难时，就常常想象自己是海伦·凯勒。

心理学家经常这样指导父母们：对各年龄段的孩子，要“抓住他们表现出色的地方”，然后给予评价。诚恳的表扬（而非不必要的恭维）可以引导孩子走上成才之路。

方法 4：设定限制

应该干什么，不能干什么，父母一定要给孩子一定的限制。再民主再随和的父母也要知道应该怎样严格要求孩子，不能由着孩子自己无理胡闹。有些父母担心设定限制后，会妨碍孩子们形成他们自己的个性。但如果你和其他没有受到必要限制的孩子相处一段时间之后，你就会发现，这些孩子实在太讨厌了。

12 岁的天天，她有一位开明的母亲，与天天爸爸制定了 10 条家规要求全家人遵守。

有一回，妈妈回家后便询问孩子："你今天玩了几个小时的电脑？"

天天回应："没有多久。"

随即又悄悄地跑到妈妈身边说："你可以给我一点时间，让我想一下该怎么回答吗？"此话一出，妈妈便知道天天已经知道自己错了。

"好，但你要想清楚再告诉我，如果说谎就违反家中规定了。"妈妈慎重地说。

过了一会儿，天天走到妈妈身边，一边窥探妈妈脸色一边说："如果要计算全部时间，我已经违反约定，可是有一段时间我是挂网，偶尔才看一下，并不是一直坐在电脑前面玩！"妈妈没有插嘴，而是以冷静而严肃的眼神望着他。

"你觉得我应该怎么处理？"妈妈反问。

"不然我明天不要玩电脑好了。"天天自己决定了惩处方式。

"好。"妈妈说。

由于天天妈妈总将生活态度与原则放在第一位，不会时而严厉时而放松，因此天天也能严格遵守规定。

我们教育孩子没有一定的准则，但有一些必要的限制或者制定家规却是必要的。美国心理学会主席艾伯特·班杜拉认为："人们为自己设定某些行为标准，以自我赞许或自我惩罚的方式来衡量其行动。"这就是家规的核心主轴。

当规矩制定完成后，父母的教育方法必须前后一致，不能半途而废，更不能让自己拥有特权。例如，许多父母希望控制孩子看电视的时间，但是自己却没有遵守，理由往往是"我是大人，你们是小孩，小孩回家就应该写功课、读书，我工作一天很累了，想放松一下"，这种不对等的心态是很难要求孩子遵守的。

其实，正确的家规制定是要求大人与小孩一同遵守，当孩子看到父母也是依照家规行事时，他们才会自发地履行。制定家规时，若非单亲家庭，或另一方远在异地工作，应尽量由夫妻协商后再决定，否则容易导致教育态度不一致的情况发生。

曾有某一亲子节目在讨论家规时，谈到一个有趣的个案，妈妈规定孩子睡前一个小时不能再进食，但是爸爸却总是破坏规矩，不但自己偷吃，还偶尔给孩子们小零食，夫妻俩常为此吵架。

因此，限制孩子的某些不良行为，父母除了详细介绍家规外，还应让孩子了解其制定目的，并且父母也可时常和孩子分享辛勤工作的经验，并与家规相呼应。遵守家规并非只是孩子的责任，父母理应以身作则。此外，父母不可以其权威者的角色来作为无法遵守家规的理由，以防失去家规制定的意义。宜尽量制定简单易懂的家规，并且可有意识地将其相互关联起来。如孩子每天可看1小时电视，晚上睡觉前应整理好书包，或者每天上网控制在1小时以内等规范。若孩子违反了，父母可说："因为你今天没整理好书包，所以明天少看一小时的电视。"以此巩固孩子对家规的重视。父母怎么做，孩子怎么看！生活要求与规定是一个基准，如果有了基准，却没有遵守的"共则"，反而会让孩子无所适从，甚至出现阳奉阴违的不当行为。因此，除了要求孩子以外，父母还须以身作则，才能受到良好的效果。

方法 5：灵活协商

孩子的不良行为，有时并不仅仅是孩子的问题，父母自身也有问题。因而，采取灵活协商的办法，孩子和父母双方都畅所欲言，并注意聆听。这样做不但会建立起相互的信任感，还能充分发挥孩子自己的分析判断能力。

举例来说：孩子从学校回来情绪不是很好，就不要让他做家务了。“我知道你现在只想好好休息一下。我去帮你整理书柜吧，如果你愿意的话。”你表示理解而且愿意帮忙的做法，实际上能激励他去帮助爱他、来帮助他的人。

在承认自己并不总是什么都知道的时候，作为父母就要用相互协商的方法了。比较小的孩子有时候很能小题大做，尽管你不用总是去注意听，但有时候还是要用心去聆听。到了孩子十多岁的时候，他们会接受按时作息。孩子能这样说就很不错了：“这个节目晚上10:45 才完呢，我 11:00 以前就睡。”

制定亲子合同和灵活协商策略相似。亲子合同的使用比较适合小学生和青少年，语言表达能力强的学前儿童也可以试试。处理问题时，父母清楚地说明哪些行为是他们想要看到的好的表现，以及每项表现的分值。比如，“每周两次打扫房间 40 分；每天倒垃圾 30 分；每天自己洗袜子 30 分等”。合同可以规定，每积满 100 分孩子可以周末多看半小时电视，或在朋友家多玩 1 小时。父母和孩子对协议条款达成一致后，双方签字，合同即日起生效。父母督促孩子遵守协议，并守信用兑现对孩子的许诺。

李米 7 岁了，不爱整洁，总是乱丢衣服和玩具。李米的妈妈希望他能做到四件事：每天回家把外衣挂在衣架上，把午饭饭盒放进厨房，把玩具收好，把脏衣服放进洗衣筐。在家庭成员友好协商的基础上，使用亲子合同改变李米的行为习惯之前，李米妈妈画了一张表，记录李米一周里这些行为的次数。她发现李米一周里只有一次把衣服挂在衣架上，从来没有收拾过饭盒、玩具和脏衣服。因此李米的妈妈确信应该采用记分法与李米签定合同。李米很兴奋，愿意尝试。妈妈与李米运用同样的表格记录李米完成四项任务的情况，给每项任务的完成记分，累积到一定分值后予以一奖励。7 个星期以后，李米已经几乎每天都能主动完成这四项任务了。当李米的习惯养成后，这个合同就逐渐退出了。

家庭教育具有连贯性和持续性特点，因而，父母对孩子的教育可以是面对面的、个别的、随时进行的教育。这就决定了父母教育方法的灵活性，家庭成员之间遇事要多协商，多沟通，而不是强行改变孩子。

方法 6：自省

自省是一种高尚的、有效的进取方法。

让孩子独立思考自己的行为，或者让孩子自省，是当今家庭教育最受欢迎的教育方式之一。自省对孩子来说是积极的，这会给孩子一个短暂休息的机会，等待他们的思想转变了，准备改变自己的行为了，再让他们重新去做。

有一位心理学家说过："当我们的头脑处于半意识状态时，是潜意识最愿意接受意愿的时刻，来进行潜意识的接收工作最理想不过的了。"教育孩子即便是惩罚，也不必一下到位，直接追求痛快的结果，而要讲究智慧，真正让孩子自省自觉。

有一天，舒甜从幼儿园回到家，向妈妈哭诉，说小朋友不喜欢她，都不爱和她玩儿。妈妈轻声地问她："小朋友为什么不和你玩吗？"舒甜小声说："是小朋友不好。"妈妈接着又问："小朋友怎么不好了？"这次舒甜没有说话，过了一会儿，小声说："我想玩积木，芸芸不给我玩，我就把她搭的房子踢倒了。"妈妈这才说："老师不是说过要学会等待吗？别的小朋友在玩，你就要等一会儿，等她不玩了，你才能玩呢，怎么能乱发脾气呢？"舒甜没有说话，"以后还会这样吗？"妈妈轻声问，舒甜摇摇头。

其实，孩子的良好品质和健全人格的形成，需要正面的引导和鼓励，也需要从反面的惩罚中让孩子体验痛苦或失落，以引起孩子的自责情绪，让孩子自觉地自省自励。

父母可以对孩子说："怎么会出现这种结果呢，你好好想一想，如果用妈妈跟你说的方法去做，结果会怎样呢？"慢慢地，孩子就会学会经常总结经验和教训，从而自觉地进行反省。总结经验教训事实上就是对自我行为的一种反省。

采取自省的方法，要让孩子欣然接受，向孩子解释清楚。"每个人都需要经常自省，因为我们每个人都时常会有不良的行为，时常犯错误。自省可以帮助我们厘清思想，端正态度，使我们心平气和，从而能决定该怎么做。如果你的做法不适当，我要让你回到自己的房间去反省反省。这并不是对你的惩罚，而是给你一段平静下来的时间，直到你想通为止。一旦你思想转变了，知道自己错在哪里，你就可以出来了。"有些父母会给孩子一个定时器定下反省的时间，这个做法也不一定合适，这要取决于孩子自己需要多长时间想通问题。

自省是希望孩子今后做得好，让孩子有好心情。以惩罚的心态让孩子去反省，孩子心情会更糟，这样，我们也就不能指望孩子改变自己的做法。对孩子说："回到房间去，想想你都做了些什么。"是于事无补的。如果你说："回到自己的房间，调节一下心情。你可以读读书，小睡一会儿，听听音乐，或者玩一玩你的玩具，直到你感觉好起来，准备改变自己的做法再出来。”有些父母反对这种做法，认为让孩子回到房间里，做些有趣的事是对孩子做错事的一种奖励。实际上，这些父母没有注意到这种做法的最后一部分，“当你心情好起来，准备改变自己的做法了；你就可以出来了”。

无论是让孩子自省，还是其他非惩罚性的有益于教育孩子的办法，其要点就是教育孩子从错误当中学习，学习生活的各种能力，改变自己的不良行为，从而使自己逐渐独立起来，培养归宿感、地位感和自尊心。

方法 7：前后保持一致

家庭教育中，父母要保持前后一致，不能一会说东一会说西，这样就会让孩子无所适从。尤其是母亲说过了，而且是正确的，父亲就要保持一致。要建立必要的家规，给孩子一个为自己做决定的起点。行为的改变，一个重要的原则就是从始至终都要保持一致性，不要有任何例外。一旦有了例外，好的行为就会走样，不良行为就会迅速形成。

那么在具体问题上出现不同的看法，应该怎样处理呢？正确的方法应该是在母亲（或父亲）责备孩子之后，在孩子不在面前的时候，父亲（或母亲）再提出自己的看法，与对方讨论，以取得一致的看法，避免日后重蹈覆辙。

父母双方对孩子的要求做出不同的答复，在我们的日常生活中是常发事件，当事人也习以为常。他们忽视了它对子女教育的不良影响。

一天晚饭后，孩子坐在电视机前看电视，就是不肯起身去做功课。

母亲便催促儿子去做功课：“不要再看电视了，该去做功课了。

做完了马上睡觉。”

儿子还是不起身：“我看完再去做作业！”

母亲坚持说：“等你看完这个节目，就很晚了，还能做什么功课！快去，听话！”

儿子正在犹豫时，父亲却在一旁调和：“都看一半了，就让他看完算了！”

儿子当然也就不起身了。结果功课也就不要做了。

这看似极小的一件事，就是因为教育的不一致性，给孩子带来了不良教育结果。

首先是孩子很可能会发展成为一个具有双重性格的人，在父母亲面前一套，在外公、外婆面前又是另一套；当面一套，背后又一套。

其次是影响大人的权威性。孩子们总是认为，凡是大人，特别是她眼里有权威的大人的话是正确的。因此，大人意见有分歧，并经常暴露在孩子面前就容易损害大人的威信，并进而影响大人们的教育效果。

再次，大人们意见分歧会影响孩子内心控制能力的正常发展。孩子在出现某一行为时，如果得到大人们多次的一致肯定或否定，她就会逐步认识到这种行为的正确与否，逐步学会了在新的环境中实现或中断这种行为，从而逐步发展向我控制能力，如果大人们对孩子认为可采取的态度不一致，孩子的是非判断能力还很差，就会让孩子无所适从。

对孩子教育的前后一致性，必须引起父母们的高度重视，尤其是在同一个问题的处理上，自己前后行为要保持一致。比如，孩子在书写作业时，不够认真，一边看电视一边做作业。第一次，你严格地批评了他，可是在第二次的时候，你对同样的行为做出不一样的反应，选择由着孩子。这同一件事情传递给孩子的却是不同的信息，孩子在潜意识里面认为，其实这样是可以的。这对他们各种习惯的养成，和大人在孩子心目中的某些固定方面的威信都是有一定影响的。

方法 8：家庭会议

家庭会议是指在民主、和谐、平等的基础上，全家人坐在一起召开的会议。参会人员平等对话，各抒己见，最后达成共识。它是家庭管理法制化建设的重要形式。家庭会议也叫圆桌会议。之所以叫“圆桌”，就是体现平等与民主。

召开家庭会议，不仅可以沟通信息，增进感情，而且促进融洽，和谐和睦，达到分担责任、分享快乐的目的。

柳佳是一个 12 岁的女孩。她的父母就是采用召开家庭会议的办法，让全家每个人都发表自己的观点和意见。

柳佳的父亲为每个家庭成员购买了一个笔记本。家庭成员在上面记下所有令自己不愉快的事情，或是别人对自己做错的事情。

他们全家规定了一个固定时间，也就是每个星期日的晚上召开家庭会议。每次会议结束时，全家会选出一个本周的负责人，由他来承办家庭会议上需要落实的事情。一家三口，轮流担任负责人，虽然柳佳是小孩子，但爸爸妈妈从来不因此而不让她当负责人。

每个星期五的晚上 7：30，都是召开家庭会议的时间。无论多忙，这个时间都要留给家庭会议。

家庭会议上，都是从一些小事情开始说起的，但却对柳佳的心情有很大影响。比如，柳佳在家庭会议上与父母谈谈自己的感觉。

一次，在家庭会议上，柳佳跟父母说：爸爸妈妈，你们觉得我熬夜，总是不让我喝咖啡。可是，在这方面，你们帮助我做了些什么事情呢？你们总是在我面前喝咖啡，而我只可以看着，我希望你们能够真正帮助我。父母当时觉得柳佳说得很对，于是他们全家一起制定了一个表格，并限定了所有家庭成员喝咖啡的内容。

那以后，柳佳的心情很愉快，真的尽量不喝咖啡了。而且，效率也提高了，熬夜自然就少了。

柳佳妈妈的话题则是关于孩子的零花钱问题。这是因为柳佳觉得妈妈给的零花钱太少了，每月只有10元钱。妈妈听了柳佳的想法，就问：“你需要多少零花钱？你都有些什么样的愿望要实现？”柳佳谈了自己的理由。妈妈说以后给柳佳50元。柳佳又觉得太高了，就坦率地告诉妈妈：“我只想要20元，如果以后我觉得不够，我会在家庭会议上再次提出来。”

柳佳还和爸爸妈妈谈过，希望他们能在每天晚上陪自己玩半个小时。爸爸妈妈也谈了他们内心的想法，他们希望柳佳能做到及时完成作业、吃饭要按时和经常洗澡。

现在，柳佳全家都很赞同这种交谈的方式，而且大家都乐意实施民主做出的决定。

应该说，柳佳一家的做法是相当聪明的。这种自助的家庭教育方式，不但有助于家庭问题的解决，而且还是培养良好家庭关系的润滑剂。

孩子成长的过程是一个由无知到能知的过程。但孩子并不是机械地接受外界的影响，尤其是当孩子开始有了自己的意识，开始讲话发表自己的意见之后。因此，在制定规则尤其是在不牵扯到重大本质问题时，我们强调要更多地吸取孩子本人的意见，这既给孩子一定的、自由的空间，也锻炼了孩子自己管理自己行为的能力，同时还在家庭中培养了民主精神，使孩子更好地发展。父母和孩子能够定期、有效而心平气和地进行家庭会议，通过家庭会议来解决问题，实际上并不容易，尤其是在管理孩子上。这需要父母有较高的修养，避免“我是父母，我说了你一定要听”的不良习惯出现。当然，召开家庭会议不是要打乱秩序，不是强调母不母、父不父、子不子，相反，是在秩序下让孩子参与意见，给孩子更大的自由发展空间，也是尊重孩子做人的权利。

方法9：多用“我发现”

孩子的不良行为，父母明知是错误的，就不要再明知故问，诱骗孩子掉入成人设计的陷阱。发现孩子的不良行为，父母要直截了当地指出，理直气壮地纠正。

比如，父母问孩子：“你作业完成了吗？“你刷牙了吗？”“你收拾房间了吗？”父母明知道这些都没有做，还在问孩子，这不是明知故问吗？

在这里，我建议父母多用“我发现”这个词。“我发现”这个词用好了，可以说特别管用。比如，“我发现你没刷牙。现在就去刷吧。”“我发现你还没做作业。你打算什么时候做？”“我发现你没整理房间，需要叫小时工来帮你吗？如果你同意，我们就雇个小时工来，不过费用你自己出。”

方法10：限定与选择

这种方法就是在适当的情况下，让孩子在至少两种可接受的选择之间做出自己的决定。这里，适当和可接受两个词至关重要。

很多时候，让孩子任意选择不是适当的，特别是对较年幼的孩子。比如，不能让他们选择是否去上学，去伤害别人或去做些危险的事情。

可接受的是指孩子无论做出哪种选择，你都愿意接受。例如：“你可以攒钱，也可以不攒但没钱花。”“或者现在练习钢琴或者两个小时后练习钢琴。”“把脏衣服放进洗衣机里或者就这样穿着。”如果你不愿看到孩子没钱或穿着脏衣服的样子，那就别给他们选择的余地。

年幼的孩子选择的能力是有限的，父母不能事事让他们自己选择。随着年龄的增长，孩子自己选择的能力也就越来越强，因而，就要做出一定的限定。比如，你可以问一个十几岁的孩子："你是让我强迫你那么做呢？还是你自己主动去做？"

方法 11：设想不良行为的后果

孩子是未被开发的宝贵资源。我们在调查中发现，孩子具有解决问题的智慧和天赋。让孩子自己设法解决问题，其意义十分重大。通过这样的锻炼，他们就有机会发挥并增强自己的能力。由于解决问题的办法是经过孩子亲自讨论制定的，因此，他们更能按照这些办法来规范自己的行为。如果他们的意见、想法得到重视，他们的贡献受到肯定，他们就会更加自信、自重。如果我们肯定了他们的贡献，他们便会产生一种地位感和使命感。这样，孩子就不会轻易做错事，而且也更能主动地从错误当中吸取教训，并想办法改正错误。

下面的这个例子说明了父母是如何使孩子自己参与问题的解决，思考后果的。

父亲在询问孩子关于在屋子里拍皮球的一些问题。

爸爸："如果你们继续在屋里拍皮球，你们想会发生什么事情？"

孩子："这样会打坏东西的。""你会对我们发火的。""这样玩连小狗也会跟我们一起闹起来的。""我们会太吵的。"

爸爸："那你们看该怎么办呢？"

孩子："这样吧，我们到外边去玩。"

爸爸："如果你们说了不算，不到外边去拍皮球，那还有什么别的办法呢？"

孩子："那就把我们赶到外边去玩！""把球收起来，明天再玩。"

孩子如果能事先设想一下做错事的后果，调整自己的行为，就会免于这种后果的惩罚。

在开家庭会议或讨论解决问题的时候，请问问孩子对行为后果是怎么看的，什么样的后果能帮助他们长进。比如，“打电话时如果语气没礼貌，会产生什么后果？”而不是在那里强调：“你要为过去的行为付出代价的！”

事实证明，多设想不良行为的后果，孩子就会自我改正不良行为，而且还能提高自己管自己的能力。

方法12：正确认识不良行为

我们每个人都是伴随着错误长大的。其实，有错误并不可怕，可怕的是不能认识错误，改正错误。孩子在成长过程中，犯错也是难免的，父母要引导孩子正确认识错误，把犯错误看成是寻求别人帮助的好机会。这样，孩子就会有勇气对自己的行为负责，哪怕是错误的行为。因为他们知道犯错误并不意味着他们是坏人，也不意味着一定会给别人带来麻烦。重要的一点是，他们要敢于对错误负责，这一点对他们非常重要，只有这样，他们才能真正把犯错误当成自己学习的机会。

孩子有时犯了错误，要尽可能设法补救，如果无法补救，那至少应该道歉。补救的三个步骤可以除掉错误中负罪感、羞愧、自责这三个成分。

告诉孩子，犯错误并不可怕。重要的是如何面对自己所犯的错误。任何人都会犯错误。如果孩子犯了错误想要补救，那么以下三个补救的步骤可以帮助他们解决问题：

一是发现错误，要敢于承认，敢于对自己的错误负责。

二是主动向被你冒犯、伤害的人道歉。

三是尽可能与对方共同商量解决问题的办法。

如果是父母错了，补救的三个步骤可以帮助你与孩子一起纠正错误，解决问题。如果你犯了错误，就应当毫不犹豫地向孩子讲明，并且真诚地道歉。你的孩子会很宽容，而且会以你为榜样学会承认错误，改正错误，解决问题。

方法 13：循序渐进

先改变一个行为比较容易，待形成习惯后再提出改变另一个不良行为。父母要根据孩子的年龄特征和心理承受能力，由浅入深，由远及近地进行。千万不可设想一次就改变孩子的不良行为，要一步一个脚印。若把目标定得太高，就会不知从何做起。尤其是不能急于求成，不然就会感到失望。稳中求进，父母和孩子都将受益无穷。

比如，孩子吃饭爱挑食，是长时间形成的一个不良行为，父母可以按照下面提出的几条方法指导，循序渐进地帮助孩子改变这种坏行为。

妈妈不要让女孩吃太多的零食。很多女孩子都有吃零食的习惯，但如果吃零食过多，就会影响食欲。人胃里的食物排空需要 3—4 小时。如果女孩经常吃些点心、锅巴、饼干等零食，胃里面总有食物，胃就得不到休息，这样到吃饭时间孩子就没了食欲，吃饭没了胃口，孩子自然就挑三拣四。所以，妈妈不要让女孩吃过多的零食，这是针对女孩吃饭爱挑食行之有效的好方法。

妈妈要和孩子共进餐。当孩子吃饭的时候，妈妈最好和孩子一起吃饭。这是因为妈妈和孩子一起吃饭时，孩子很容易被吃饭的气氛感染，孩子不愿吃的菜，看到妈妈吃得津津有味，孩子也会尝试着去尝一尝。当然，在吃饭的整个过程，妈妈要善于营造一个快乐的进餐氛围，这样会使孩子心情愉快，乐于进食，孩子挑食的可能性就会大大降低。

教育家卢梭曾说过：“大自然希望儿童在成人以前，就要像儿童的样子。”教育要尊重孩子的实际水平，在孩子尚未成熟之前，要耐心地等待，循序渐进，不要违背孩子发展的自然规律，不要违背孩子发展的内在“时间表”，从而人为地通过训练加速孩子的发展，那样，只会适得其反，拔苗助长的故事也将会重演。

方法 14：学会正确地疏导

平时，我们许多父母亲在家庭中管教孩子都是以“堵”的方式为主，表现为不许孩子这样，不许孩子那样，有的还有各类惩罚措施，避免孩子受到不良影响，控制孩子不做越轨的事情，等等。采取“堵”的方式，减少孩子犯错误，在一定环境和条件下是必要的，它有利于孩子的成长。正如一位著名教育研究专家孙云晓指出的那样：没有惩罚的教育，不是完整的教育。

但是，培养孩子养成良好的行为习惯，仅仅靠“堵”是不行的。“堵”得过多会带来一些副作用：会使孩子的心情受到压抑，不利于孩子的自我进步；容易使孩子与父母产生情感对立，降低教育效果；会削弱孩子抵抗负面影响的能力和社会适应能力，不利于孩子的长远发展。因此，父母亲要学会把“堵”与“导”结合起来，以“导”为主。“导”就是通过引导、疏导，使孩子增强明辨是非与自我教育的能力，促进其主动发展，自我完善。

那么，如何做好对孩子的疏导呢？我们建议父母亲做到“四多四少”：多民主，少强制；多激励，少批评；多示范，少说教；多用情，少用气。

具体来说，“多民主，少强制”就是对有关孩子的学习和衣食住行等自身的问题，要多同孩子商量，多听取孩子的意见，尊重孩子的选择，充分调动孩子的积极性和主动性。对于孩子的某些不当想法和做法，要给予疏导、引导，讲清利害，指明方向，而不是单从父母的主观愿望出发，强行要孩子这样做，不要那样做。

“多激励，少批评”就是父母要用积极的心态看待孩子，不要把孩子看得一无是处，指责孩子这也不好、那也不对，一味地批评处罚，而是要善于发现孩子的优点、长处，寄予期望，激发孩子自我改正。

“多示范，少说教”就是父母不单要告诉孩子什么是对，什么是错；应该怎么做，不应该怎么做，还要告诉孩子为什么；而更重要的是父母要以身示范，用行动给孩子以影响和带动。示范比说教力度更大，效果更好。

“多用情，少用气”就是孩子犯了错误，父母要动之以情，以情感人；晓之以理，以理服人。批评孩子时态度要亲切和蔼，心平气和，为孩子认错改错创造良好的心理环境；不要动不动就怒气冲天，训斥指责；不要把孩子当成出气筒，哪句话出气、解恨说哪句，避免亲子关系对立而导致教育失败。

“堵”与“导”教育方式不同，其教育结果也会截然不同，父母亲要从转变观念入手，改变方式。管教孩子要以“导”为主，辅之“堵”，做到“导”得科学正确，“堵”得合理恰当，力求取得事半功倍的教育效果。

方法 15：用更多的积极取代消极

在我们许多做父母的字典里，充斥着“不行”“不能”“不要”、“停止”以及“不许”这样的词汇，只是因为这样说起来顺口、省力。有一个妈妈看到了这样一段录像：在儿童节那天，她不停地告诉孩子“不要碰东西”“不要坐立不安”“不要哼哼叽叽”。她无法原谅自己“烦死人”的声音，且“孩子在那天过得一点都不高兴”。

那么我们怎么做，才能改掉这个坏毛病？我们首先要从意识到它的存在开始。我们要把每一次说“不行”“不能”“不要”“停止”、“不许”的时候都记在心里的小纸条上，并且审视一下自己的动机：我们在试图控制孩子吗？或者我们只是图省事？我们应该停下并且思考，假设我们说了“可以”“行”“就这么干吧”或“请便”，那么最糟糕的结果会是什么？如果我们在做出反应之前都思考一下，就会大大减少与孩子之间的矛盾。

如果孩子不是成天和我们争执，他们不仅会更乐于和我们在一起，而且也会减轻对爸爸妈妈说的话充耳不闻的“症状”。一个10岁的孩子这样说：“我喜欢爸爸妈妈在快乐的状态下跟我讲道理。我不喜欢他们愤怒疯狂的样子。”

还有些父母喜欢用威胁这招，但孩子很快就能识破这种无谓的威胁。有位11岁的男孩说：“我能够看出，爸爸妈妈什么时候说话是认真的，什么时候只是说说而已。而且，他们一般都是说说而已。”记住，永远不要威胁孩子你不可能做到的事情。

对于教育孩子，做父母的最好用积极的暗示，不要用消极的命令。

著名教育家陈鹤琴讲过一个自己教育孩子的例子：

一天，我看见一鸣拿了一块破烂的棉絮裹着身体当毡毯玩。那时候，在我脑筋里就起了许多感想：我是立刻把他的破棉絮夺去呢，是让他玩弄得着一种经验；是叫他把棉絮丢掉，还是用别的东西去替代。仔细一想，用积极的暗示去指导他好。我就对他说：“这是很脏的有气味的，我想你一定不要的，你要一块干净的，你跑到房里去问妈妈拿一块干净的。”他听了，就跑到房里去换了一块清洁的毯子。

一般人，受激励而改过，是很容易的，受责骂而改过，是不大容易的，而小孩子尤其喜欢听好话，而不喜欢听恶言。我知道小孩子大概有这种心理，所以以激励教育法去教训一鸣，一鸣一听见我奖励他，就很高兴地去改他自己的过失了。倘使我一看见他玩那块破烂棉絮的时候，就把那块棉絮夺来替他换了一块新的，那恐他对于我的动作要莫名其妙，而且又要发生怨恨，他不但要拒绝我的意思，而且还要哭泣。即使我不去夺他的棉絮而对他说“这东西是脏的，有气味的，赶快去丢掉”这种话，那他虽知道这种东西是脏的，不应当玩的，但是他因为没有好的东西来代替，恐怕他仍旧不肯舍弃的。还有一种教育方法，就是一方面说这东西是脏的，是不好的，一方面叫他去拿一块好的，那他就变成被动了，他自己要觉得不好意思的。我知道以上的第一种方法是绝对不能用的，第二、第三两种方法，也是不大好的。所以就用言语来激励他，使得他居于自动的地位，而且使得他很高兴地去做。多数做父母的一看见小孩子玩肮脏的东西，就不期然而然地去把它夺了来，而且还要骂他，甚至于还要打他。其结果，小孩子改过的少而怨恨父母的多；即使不怨恨父母，至少也要有一点不喜欢父母了！还有许多小孩子因为他们父母常常去责骂他，慢慢儿就不以父母之言为意。做父母的一面去夺他肮脏的东西，做小孩子的一面依旧去拿来；做父母的一面骂他，而他依旧玩弄脏的东西。这种事实，在社会上我们是常常见到的，我也可以不必举例了。做父母的像这样去教训小孩子，使得小孩子非但不能改过，而且慢慢儿养成顽皮的恶习惯了。

意识到以上这些消极的行为管教方法，我们就踏出了第一步。积极的管教，就是要避免把过去的错误摆在他们面前。这样做只会羞辱他们。不要把注意力集中在错误上，而是要集中在解决方法上。这样做，我们就可以鼓励孩子用他们的理性思维去分析我们的建议，既可以接受，也可以拒绝。

孩子是上天赐予每个家庭的礼物。“不管睡着或醒着，每个孩子都是天使。”纪伯伦说：孩子的灵魂栖息在明日之屋，那是大人梦中也没法造访之境。父母对于孩子的爱是永远不求回报、最最无私的爱，在他们的眼里，自己的孩子是最完美的，最可爱的，无论在外面受了多大的气和委屈，有再多的烦恼，一看见孩子，那些烦恼就会马上烟消云散。

第 4 章

6 步纠正孩子常见的 36 种不良行为

（一）心理的困惑

第 1 种行为：嫉妒

【问题描述】

像爱一样，嫉妒是人类自身的情感表现；与爱相反，嫉妒是一种负面、消极的情绪。一个人如果嫉妒别人，就意味着你不能正视别人的长处。有的孩子不能正视自己，加上羡慕和嫉妒的混淆，往往会将羡慕之心转成嫉妒的源泉。

嫉妒情绪的表现显然是由贬低自己和抬高别人组成，是一种无用的情感，不利于孩子的成长。面对容易嫉妒的孩子，我们要做的是化解孩子的嫉妒，而化解嫉妒的最好方式，是教导孩子接受生活的差异，生活本身并不公平。

姜辉和丁波同住一个小区。从上学起，姜辉就一直羡慕丁波，丁波不仅人聪明、学习好，家境也不错。姜辉常与丁波暗中较劲。

做任何事，丁波好像都是轻而易举的。他不仅毫不费力地能在考试中拿到年级最高分，在球队也是主力中锋，还能赢得许多女生关注的眼神。离高中毕业还有一段时间，许多高校就已向他发出了优先录取的通知。

而姜辉呢，他学习就不像丁波那样游刃有余，即使竭尽全力也只能达到中上的水平。高考发挥得好，他或许还能进一所好大学，要是临场发挥不好，就很难说了。姜辉的相貌也算英俊，但不是女生的首选。和丁波一样，姜辉虽然也在学校篮球队，但球打得平平。

姜辉实在不明白，老天怎么这么不公平，为什么总是偏袒小波。姜辉很嫉妒丁波。

作为父母，应该告诉孩子人与人之间是存在个体差异的，这很正常。一切自卑和嫉妒的情绪只能阻碍自身的发展，并使个人间的差异程度不断加深。对于绝大多数人来说，要想过上比较舒适的、自己向往的生活，只能靠刻苦努力、不断提高自己的生存能力，才能抓住发展机遇。

【仔细想想】

嫉妒是一种不良情绪，既伤害自己，又伤害别人。父母应当理解孩子的嫉妒心理，承认嫉妒是一种自然情绪的流露，帮助孩子建立自尊心，克服嫉妒心理。

嫉妒会破坏人际关系，伤害同学间的友好感情，甚至会由于攻击性情绪的发泄而造成悲剧。父母应努力帮助孩子摆脱嫉妒的纠缠，培养孩子宽阔的胸怀。虽说嫉妒是一种可以理解的正常情绪反应，但这并不意味着父母可以采取听之任之、放任不管的态度。因为经常的嫉妒反应情绪，会演变为人格的一部分。另一方面，孩子嫉妒心过强，也容易受外界的刺激而产生诸多不良情绪，不仅影响进步，而且对身心健康极为不利。希腊的一位心理学家曾说："嫉妒是一种十分自然的反应，每个孩子都会有嫉妒，孩子的嫉妒心从很小的时候就会有反应，引起孩子嫉妒的原因极多，在许多情况下，这种嫉妒会达到折磨人的程度。"当然，嫉妒的范围也是很广的，包括嫉妒人、嫉妒事、嫉妒物。手段也多种多样，有的挖空心思采用流言蜚语进行恶意中伤，有的付诸手段卑劣的行动。事实上，嫉妒心本身就是一种自私的表现，会使人在处理问题时完全以自己为中心，情绪化反应强烈，自控力差，缺乏理性，很难对事情的利弊做出恰当的判断。嫉妒对个人、集体和社会均起着耗损作用，是一种对团结、友爱非常不利的情感。这种缺点如果保留到长大以后，那么孩子就很难协调与他人的关系，很难在生活中心情舒畅。值得注意的是，嫉妒心强的孩子往往自尊心和虚荣心也强。

嫉妒情绪既有消极因素，也有积极因素。

消极因素是指，嫉妒心使人心胸狭窄，容不得别人，自私而缺乏关心他人；嫉妒会制造矛盾，影响团结；孤立自己，不利于健康成长；严重的嫉妒会变成一种仇恨，报复行动。

积极因素是指，父母可以利用孩子的自尊心和虚荣心强的竞争意识，引导他积极努力，敢于竞争。因此，嫉妒也可以成为一种积极向上的原始动力。

如在竞争中受挫会导致他对成功者的嫉妒；因老师对他人的表扬而产生嫉妒；因自己容貌欠美、身材欠佳而对生理条件优越的同学产生嫉妒；因自己家境贫寒而对家庭社会、经济地位高的同学产生的嫉妒等等，再加上不当的家庭教育方式使得孩子逐渐缺乏自信，心胸狭窄。只有了解了孩子嫉妒心理产生的原因，父母才能有针对性地进行教育。

【纠正方法】

第 1 步：讲清危害。让孩子了解自己的现状，知道自己的长处和不足，不能老拿自己的短处与别人的长处相比，这样永远都会比别人矮一截。

第 2 步：认真分析。帮助孩子分析，形成正确的自我认识。比如别人什么地方比自己强，让自己嫉妒。看看自己有什么地方需要改进，并做得更出色。

第 3 步：调整心态。很多事情不尽如人意，造成生活上的不公平，我们可以用什么方法尽量合理地协调，淡化嫉妒的心理，心中要容得下人，不要为芝麻一点的小事，就患得患失，斤斤计较，动辄燃起嫉妒之火。

第 4 步：学会控制。尽管嫉妒是种不良情绪，但也是人们对事对人的自然反应。有了嫉妒不可怕，重要的是自己有了嫉妒心理后该如何控制和缓解它，并且尽量排除负面的影响。父母要聆听孩子的感受、希望和失意，帮助孩子强化自身的优势，勾画未来的蓝图，增强自信心。

第 5 步：学习他人。对孩子的成功多赞美，并热情鼓励孩子虚心学习他人的长处，通过努力超越别人，战胜别人。

第 6 步：正确利用。嫉妒是一把双刃剑，利用得当，完全可以变成激励孩子的动力。有嫉妒心的孩子，说明他有很强的自尊心。如果看到别的孩子比自己好，心里一定会有股子不服气。父母在这个时候千万不要数落他，而应该鼓励孩子积极进取，与小朋友们良性竞争，告诉他只要尽力付出了就已经收获了成功，就是好孩子。要时刻对孩子说“你行的，要相信自己有潜力”，而不是一味地泼冷水。只有这样，孩子的负面情绪才能够转化为积极的动力。

行为纠正及转变结果日记

任何不良行为的纠正与转变，都需要孩子不断地练习、努力以及父母的鼓励。

在孩子行为转变的过程中，可能每次只是前进一小步，但无论进步大小，父母都应该向孩子表示肯定与鼓励。每一种不良行为的纠正与转变，都有一个从被动到主动再到自动的过程，至少需要 3 周也就是 21 天的时间，因此千万不要轻言放弃，而应该坚持坚持再坚持。有道是“条条大路通罗马”，也许一种策略失败了，另外一种就能成功。请把孩子每周的表现记在下面的横线上，并且在《行为纠正与转变结果日记》上记录孩子每天的变化。

21 天后，期待你的孩子带给你一个惊喜！

纠正与转变的目标行为：____________________

第 1 周（第 1 个 7 天）

____

____

____

第 2 周（第 2 个 7 天）

____

____

____

第 3 周（第 3 个 7 天）

____

____

____

行为纠正与转变结果

____

____

第 2 种行为：焦虑

【问题描述】

焦虑总是躲在黑暗中，让人不宜察觉。然而，它却在一点点、步步紧逼地“蚕食”着孩子原本充满阳光的心灵。

上小学四年级的方坤本来是个学习成绩非常优秀的学生，今年随父母调动工作而转入一所新学校。在新的环境中，这个孩子产生了焦虑情绪，担心自己与同学相处不好，担心自己的学习成绩不如人家，还担心陌生的同学会瞧不起她，等等。总之，方坤这也担心，那也担心，整天把自己搞得紧紧张张，心理压力加大，学习成绩反而下降，这使她更加焦虑了。

往往就是这些习以为常的压力，让孩子忧虑重重，以致不能正常地生活学习。

新近的研究表明，我国有焦虑情绪的小学儿童占 24.78%，而且受焦虑情绪困扰的儿童青少年呈逐渐增加的趋势，焦虑问题已成为国内儿童青少年最常见的心理健康问题之一。另外，许多专门研究心理健康的学者已经意识到，孩子早期的焦虑情绪如果得不到及时地干预，就会持续发展，甚至贯穿于人的整个一生。如果能查明焦虑问题产生的原因，找出影响焦虑产生的因素，采取切实有效的针对性教育干预措施，就可以减少或者避免焦虑的困扰。

【仔细想想】

焦虑是较为常见的一种情绪障碍，是指过度敏感、多虑，缺乏自信心，因微小事情而过度焦虑，烦躁不安，担心害怕，紧张恐惧，颇似汉语成语中的“杞人忧天”。

这种孩子，对外界事物，比一般的孩子敏感、多虑。他们常是一些温顺、老实、负责任、守纪律的孩子，但缺乏自信心，心理脆弱。他们是父母心目中的乖孩子，受到宠爱。他们平时克制自己的能力较强，自尊心亦强，对待事物十分认真、负责，但过分紧张。特别对于陌生环境、陌生事物，就易出现焦虑反应，惶恐不安。

这种孩子，有的对学习过度紧张，害怕考试成绩不好；还有的到新学校，担心与新同学的关系处理不好。他们由于焦虑不安，常常睡眠不好，做噩梦，讲梦话，食欲不振，还可引起心跳、多汗、尿频和便结等植物性神经系统的症状。更有甚者，有的孩子还因为自己存在一些缺点，怕受到老师的批评而过度焦虑，发展到不想去上学。

据研究，儿童焦虑症患者，固然与其自身的先天素质有关；但主要的原因有以下几点：

一是父母对孩子过度溺爱。孩子在家中百依百顺，一旦走出家庭，在社会上或学校中碰到一些不顺心的事时，容易产生过度焦虑。

二是父母期望值过高。有的父母“望子成龙，盼女成风”，不考虑自己的要求是否超过了孩子的负荷能力，以致孩子成天处于过度的紧张状态，时间长了，孩子就变得过度焦虑。

三是家庭不和睦。有的父母离婚，还有的整日打架吵架，让孩子在矛盾重重的环境中而产生环境焦虑。

四是学校的教育方法不当，过度地追求“高分数”“高升学率”等，教学内容过多，采用“填鸭式”的教学方法，孩子负担过重，接受不了，都容易造成孩子的过度焦虑。

激烈的竞争、繁重的学业、单调的生活、家庭问题及精疲力尽的父母，让孩子在压力下忧心忡忡。

【纠正方法】

第 1 步：及时沟通。发现孩子有焦虑现象，父母应及时与孩子沟通。

第 2 步：了解实情。父母要认真听取孩子的苦衷和实情，及时掌握相关情况。

第 3 步：分析原因。找出引发焦虑的原因。就是要查明孩子的压力从何而来。

第 4 步：调整心态。帮助孩子出谋划策，调整心态，勇敢面对现实，积极想办法改变现实。

第 5 步：有效干预。对于比较严重的问题，父母可以出面干预，但一定要摆正位置，自己是帮助者，不能代替包办。否则，孩子会越来越胆小，越来越为不必要的事情焦虑。

第 6 步：巧用方法。教孩子用健康的方式来处理不可避免的焦虑情绪。以下是 5 个用来减轻焦虑情绪的方法：

●自言自语法。教孩子通过默念一句话来平静自己并缓解压力。比如说："千万冷静，别激动。""我一定能做到的。""保持镇静，调整呼吸。""没什么我办不到的。"

●电梯呼吸法。如果你的孩子乘过电梯的话，这种方法就能奏效。让孩子闭上眼睛，慢慢地吐三次气，然后想象他正在一幢高楼的顶楼电梯中。他按下到一楼的按钮，然后随着电梯慢慢下降，他看着每层楼的按钮依次亮起。在电梯下降的过程中，压力也就渐渐离他而去了。

●压力消解法。让孩子找出身上感受压力最为明显的地方——这有可能是他的脖子、肩部肌肉或是下巴等处。然后，让他闭上眼睛，把思想集中在那一点上，使那个部位保持紧张状态三、四秒钟，然后放松。告诉他去想象当他这么做的时候，压力被慢慢化解了。

●想象驱赶法。假想一个静谧的地方。让孩子去回想一个他曾经去过的安静的地方——比如海滩、他的床、花园或是游泳池。当焦虑情绪向孩子袭来的时候，让他闭上双眼，展开想象，同时调整呼吸。

●户外活动法。可以带孩子到大自然中进行户外活动，或参加体育锻炼，转移注意力，保持乐观情绪。

行为纠正及转变结果日记

任何不良行为的纠正与转变，都需要孩子不断地练习、努力以及父母的鼓励。

在孩子行为转变的过程中，可能每次只是前进一小步，但无论进步大小，父母都应该向孩子表示肯定与鼓励。每一种不良行为的纠正与转变，都有一个从被动到主动再到自动的过程，至少需要3周也就是21天的时间，因此千万不要轻言放弃，而应该坚持坚持再坚持。有道是“条条大路通罗马”，也许一种策略失败了，另外一种就能成功。请把孩子每周的表现记在下面的横线上，并且在《行为纠正与转变结果日记》上记录孩子每天的变化。

21天后，期待你的孩子带给你一个惊喜！

纠正与转变的目标行为：________________

第1周（第1个7天）

____

____

第2周（第2个7天）

第3周（第3个7天）

行为纠正与转变结果

第3种行为：自卑

【问题描述】

自卑是人的自我意识的一种表现。自卑的人往往对自己的能力估计过低，缺乏自信心。有的孩子很自卑，总觉得自己这也不行，那也不行。

刘洋的父母都是大学教授。刘洋是独生女，因此爸爸妈妈把所有的爱都给了她，希望她在这个标准的“书香门第”环境下健康成长，成为比别人更优秀的人。于是从刘洋一生下来起，爸爸妈妈就给她制定好了人生规划。

当刘洋咿呀学语时，父母就教她念英文。等刘洋长到三四岁时，她就没有了自己玩的时间。父母为她制定的“四岁天才成长计划”是这样安排的，早晨起床练声，上午学知识，下午学跳舞，晚上练琴，天天如此，从不间断。刘洋的爸妈希望刘洋成为一个全才，所以对她各方面的要求都非常严格。

刘洋起初的表现没有让父母失望，不论在学校里还是在邻居们的同龄孩子当中，她都是一个“小明星”，老师同学们都很喜欢她。无论是德智体哪方面，她都不会落于人后，但这样仍不能让她的父母绝对满意，因为父母给刘洋定的标准是第一。每当刘洋拿着已经很不错的成绩单高高兴兴地回家时，得到的却是埋怨：“你看你失分的这道题，这么简单怎么能做错呢，真是笨呀！”听到父母对自己的评价，刘洋伤心地低下了头。上小学二年级时，刘洋参加了全市的歌咏比赛，拿了二等奖，下台之后，她欣喜地向爸爸妈妈跑去，没想到迎来的却又是爸妈冰冷的面孔：“你看人家获一等奖的那个小朋友，嗓子多甜美，表情多自然，你呀，跟人家差着一大截呢，你可真让我们失望。”可怜的小刘洋，流下了委屈的泪水。

在这样的教育方式下，小刘洋慢慢地变了。据她的班主任老师说，这几年来，小刘洋仿佛换了一个人，原先的开朗、调皮、聪明可爱都从她的身上消失了，现在的她总是一个人独处，很害羞、胆怯，从不和小朋友们一起玩；上课从来不主动回答问题，就是老师把她叫起来，回答也是含含糊糊，犹犹豫豫，总是说我不会，我不知道。刘洋从前那充满自信、活泼可爱的样子怎么就没有了呢?

自卑的人，总是看到自己的缺点，不切实际地低估自己，看不到自己的闪光点。由于对自己各方面的评价都过低，总是担心别人会不尊重她，但又感到自己哪里都不如别人，就容易丧失实现自我的信心。因为她总是将别人的优点集中起来，作为参照物罗列理由来说明自己的无知和无能。自卑会使人背上沉重的思想包袱，丧失前进的动力，影响孩子的身心健康成长。

【仔细想想】

自卑并不是生来就有的，它是在外界环境的影响下形成的。像刘洋父母所采取的教育方式，就容易使孩子产生自卑心理。孩子自卑心理的产生主要有以下几方面的原因。

一是家庭不完整容易使孩子产生自卑。生活在破裂家庭中的孩子，所得到的父母的爱不完整，会认为自己是被社会抛弃的孩子。当看到别的小朋友能跟爸爸妈妈在一起时，就更加伤心、妒嫉，却又无能为力，没有优越感，感到很自卑。

二是父母自身的自卑情绪"传染"给了孩子。没有一个孩子生下来就自卑，自卑都是后天形成的。如果父母遇事总说"我不行"，孩子就会模仿父母的这种处事态度，觉得"连父母都不行，我就更不行了"。因此父母的这种倾向潜移默化地影响了孩子。

三是父母简单、粗暴、专横的教育方式容易使孩子产生自卑。有些父母认为孩子只能惟命是从，教育孩子不是以理服人，而是常常对子女采取简单粗暴的棍棒教育，严重地伤害了孩子的自尊心，往往使孩子产生自卑心理。

四是父母能力特强，对孩子期望过高，往往会使孩子产生自卑。生活在这种家庭环境下的孩子会认为"爸爸妈妈什么都行，我什么都比不上他们，怎么努力都没法让他们满意"。能力特别强的父母，对孩子的要求也很高，追求十全十美，但是孩子毕竟是孩子，不可能每一件事都做得十全十美，于是就会受到父母过多的指责，使孩子逐渐失去自信，对自己的能力产生怀疑，产生自卑情绪。

消除自卑的心理，就是要建立自信。没有自信便没有成功。一个获得了巨大成功的人，首先是因为他自信。自信使不可能成为可能，使可能成为现实。而不自信则使可能变为不可能，使不可能变为毫无希望。一分自信，一分成功；十分自信就是十分成功。一个人如果没有自信，首先就被自己的自卑打倒了，更别说取得胜利了。所以，走向成功的人首先需要树立自信心。

【纠正方法】

第 1 步：正确对待。要辩证地看待成功与失败。告诉孩子失败乃成功之母，失败了并不可怕，只要从失败中吸取教训，改良方法，总有一天成功。

第 2 步：分析原因。当孩子犯错误时，不要用偏激的言辞去斥责，而要循循善诱，晓之以理，和孩子一起分析事情的来龙去脉，指出孩子犯错误的原因以及造成的危害，然后，帮助孩子改正错误。

第 3 步：树立自尊。有的孩子自尊心很强，如果做错事，自己就已经很内疚了。如果父母再对他冷嘲热讽，甚至拳脚相加，就会严重挫伤孩子的自尊心，孩子会以“我就是这样，看你能把我怎么样”的态度来回应父母。这时父母应给孩子宽心，对他说“人人都会犯错误，只要知错就改，下次不犯就行了”。这样，孩子就会走出犯错的阴影，积极面对。

第 4 步：提供机会。凡是孩子能做的并且是有益的事，父母都应支持。当孩子遇到挫折和失败时，父母应多安慰和鼓励，帮助他们找出原因，保护他们的自信心。

第 5 步：发现长处。培养孩子具备一技之长，给孩子一个自我骄傲的理由，这在自信心的培养中意义重大。如果孩子没有特别的天赋，就教给他如何爱人，如何与人合作，让孩子在与人交往中体会到快乐。

第 6 步：坚持不懈。自卑并非一朝一夕形成的，要克服也应有一个过程。父母以耐心、信心和恒心，陪伴孩子坚持不懈地努力，孩子的自卑一定能克服。世界上有许多名人，如达·芬奇、拿破仑等，他们幼年时均自卑过，但他们均努力克服了自身的不足，取得了辉煌的成就。

行为纠正及转变结果日记

任何不良行为的纠正与转变，都需要孩子不断地练习、努力以及父母的鼓励。

在孩子行为转变的过程中，可能每次只是前进一小步，但无论进步大小，父母都应该向孩子表示肯定与鼓励。每一种不良行为的纠正与转变，都有一个从被动到主动再到自动的过程，至少需要 3 周也就是 21 天的时间，因此千万不要轻言放弃，而应该坚持坚持再坚持。有道是“条条大路通罗马”，也许一种策略失败了，另外一种就能成功。请把孩子每周的表现记在下面的横线上，并且在《行为纠正与转变结果日记》上记录孩子每天的变化。

21 天后，期待你的孩子带给你一个惊喜！

纠正与转变的目标行为：____________________

第 1 周（第 1 个 7 天）

____

____

第2周（第2个7天）

第3周（第3个7天）

行为纠正与转变结果

第4种行为：逆反

【问题描述】

逆反心理是孩子对父母产生的对抗性消极心理。具体表现为：父母让他干什么，他偏不干；不让他干什么，他偏干。孩子的这种逆反心理，如果不能正确引导，对孩子的发展极为不利。

天天6岁了，最近产生了与父母相抵触的情绪：心里有话不愿向父母说，对父母的批评和劝导也不像以前那样能听进去了。

天天这样就是产生了逆反心理。其主要特征是：孩子对父母有明显的“反控制”“对抗”心理。这种情形最容易让父母恼火。而父母越是恼火，对孩子越发训斥，就越使孩子反感，直接影响到父母与孩子之间的正常关系。事实上，孩子在这个年龄只是追求自己的独立人格而已，并不像有些父母想的那样存在很强烈的逆反心理。只要父母指导得法，是完全可以顺利地渡过这一难关的。

一般来说，孩子在成长过程中有两个阶段会出现不听话的现象，第一个阶段一个是 3—6 岁时；第二个阶段则是 12—17 岁时。前一阶段的孩子不听话是由于自我意识的萌发，后一阶段则是孩子的认识和情感有了飞速的发展，世界观开始形成，由于生理与心理成熟的不平衡，自我意识觉醒等，逆反心理的表现十分突出。

要求孩子顺从大人，绝不是把孩子当作大人的附属品进行驯化，而是培养孩子顺应环境的能力。学前儿童若总是对父母持对抗行为，进入小学后也不可能很好地顺从老师、适应学校和社会环境。

对孩子出现的逆反心理，父母应泰然处之，要正确分析逆反心理的性质。逆反心理虽是一种抵触性很强的态度，但是，若能加以正确地利用和引导，既能收到良好的教育效果，又能促进父母改进教育的方法。

总之，在孩子的自我意识形成过程中，逆反心理是十分常见的现象，父母应善于分析，因势利导。

【仔细想想】

逆反心理的形成并非一朝一夕，其形成的原因包括：

一是孩子的好奇心、求知欲得不到满足。孩子好奇心强，求知欲旺盛，什么都想问个明白或者动手试探一下，父母常因不耐烦或怕孩子弄坏东西而指责他，孩子因此产生逆反心理。

二是父母不尊重孩子的人格。孩子虽小，也有自尊心，那种“棍棒底下出孝子”、讽刺、挖苦、辱骂、体罚的做法，只能引起孩子的逆反心理。

三是父母遇事唠叨。有些父母喜欢抱怨和唠叨孩子，时间一长，孩子就会厌烦，产生逆反心理。

四是亲子之间缺乏沟通。父母与孩子缺乏经常的感情沟通，缺乏对孩子的尊重，孩子也会以不尊重来对待父母。其表现形式有粗暴地对抗和沉默不语两种。

五是对孩子过分迁就。孩子认为犯了错不会被批评，这种错误的信息使孩子不明是非，一旦父母想管教时，孩子就很不适应，必然出现逆反。

六是家长式作风。专横式的教育使孩子感到不舒畅、压抑，或是父母不顾孩子的个别差异和意愿，要孩子学这学那，否则给予惩罚。这样容易引起孩子的对立情绪。

要改正孩子逆反的现象，父母要对逆反的原因有深入地认识，然后对症下药地解决问题。

【纠正方法】

第 1 步：冷静对待。孩子出现逆反心理，父母不要急躁，出现僵局时，可先放一放，这有利于双方都反省自己。

第 2 步：分析原因。认真分析，查明孩子逆反的原因是妥善处理的前提。

第 3 步：发现优点。逆反心理在思维形式上与求异思维有某些相似之处，其中包含某些独立思考的倾向。父母可从孩子的言行中发现闪光点，作为因材施教的依据，在日常生活中培养孩子好奇好问、爱动脑筋等良好个性。

第 4 步：认真倾听。在与孩子交流中，父母不仅要认真听，也要会听。要根据孩子的年龄特点、理解能力，采取疏导的办法，把主动权交给孩子，善于从孩子的角度看问题，效果往往比简单的堵截、禁止要好。

第5步：鼓励赞赏。孩子做事时遇到困难，父母不要贬低他，这样会打击孩子的信心。当孩子有进步时，父母要恰到好处给予肯定、鼓励和赞许。

第6步：尊重爱护。十二三岁的孩子具有强烈的自尊心，若父母讽刺、挖苦，最易加重孩子的逆反心理。父母一定要态度和蔼，对同一问题与孩子一起探讨。若父母总是持过激态度对待孩子，则会引起孩子的对抗情绪；若父母态度温和，孩子自然会亲近父母，听从父母。

行为纠正及转变结果日记

任何不良行为的纠正与转变，都需要孩子不断地练习、努力以及父母的鼓励。

在孩子行为转变的过程中，可能每次只是前进一小步，但无论进步大小，父母都应该向孩子表示肯定与鼓励。每一种不良行为的纠正与转变，都有一个从被动到主动再到自动的过程，至少需要3周也就是21天的时间，因此千万不要轻言放弃，而应该坚持坚持再坚持。有道是“条条大路通罗马”，也许一种策略失败了，另外一种就能成功。请把孩子每周的表现记在下面的横线上，并且在《行为纠正与转变结果日记》上记录孩子每天的变化。

21天后，期待你的孩子带给你一个惊喜！

纠正与转变的目标行为：

第1周（第1个7天）

第2周（第2个7天）

第3周（第3个7天）

行为纠正与转变结果

第5种行为：虚荣

【问题描述】

虚荣是人性的弱点，不管你是什么人，都有虚荣心，只是程度不同而已，是否善于克服而已。

在汉语中，虚荣往往与虚假、虚伪、撒谎、欺骗、浮躁等词语联袂出现。心理学认为，虚荣心是以不正当的方式保护自尊的一种心理状态。它是为了获得他人的尊重、关注、钦佩、羡慕、崇拜而表现出来的一种不恰当的社会情感。它不仅会伤害他人（包括自己最亲的人），还会伤害自己。

据报载，安徽安庆市曾发生过一起重大的盗窃案，作案者是该市某中学的两位中学生。他们为了追求物质享受，与别的同学攀比，在虚荣心的驱使下，盗窃了一居民家中的 4.6 万元钱，然后乘船去上海，在短短的 4 天之内，挥霍掉了所有的钱，平均每分钟花钱 8 元。他们购买最贵的衣服，到最高级的饭店吃饭，住最豪华的旅店，并且专门租了一辆车带他们四处享乐，真是奢侈之极。

这个案件中的作案人之一——张泽生活在农村，自幼丧父，靠母亲一个人干活养家。虽然家庭条件不好，但妈妈从来不让张泽在吃穿上受委屈，凡是别的孩子有的，张泽都会有。她觉得孩子已经缺少了父爱，如果在物质上再比别人差，那就太可怜了。所以妈妈平时总是省吃俭用，对张泽提出的要求从不拒绝。张泽在小伙伴中很气派，他感到很满足。从小学到初中，张泽的学习成绩一直很好，在妈妈和老师眼里，张泽是一个好孩子。

但自从上了省城的高中，情况发生了很大的变化。高中的同学和他以前的同学家庭条件不一样。现在的同学父母大都是高收入者，花钱如流水，穿的都是名牌，用的都是精品。相比之下，张泽显得十分寒酸，以前的优越感再也没有了。张泽的心里产生了严重失衡，他不甘心落于人后。于是他每次回家都向妈妈要很多钱，和同学们比吃比穿来满足他的虚荣心。起初妈妈还大方地给他，但后来妈妈实在受不了，好几次都拒绝了他。张泽见妈妈这个经济来源断了之后，就动了邪念："别人有的我为什么不能有，这不公平。"在这种想法的驱使下，张泽开始偷同学的钱，几次偷盗都没被发现，这更增加了他的侥幸心理。在金钱的诱惑之下，他越陷越深，最后伙同另一同学作案，被公安机关抓获，受到了法律的制裁。

张泽事件发人深省，他为什么会从一个听话的孩子变成一名罪犯呢？仔细分析一下，主要是虚荣心在作祟。虚荣心是一种表面上追求荣耀的自我意识。具有虚荣心的人，用扭曲的方式表现自尊心和荣誉感，追求表面上的好看和形式上的光彩，面子高于一切，不顾条件和现实去追求虚假的声誉。

【仔细想想】

心理学认为，虚荣心是以不适当的虚假方式来保护自尊心的一种心理状态。虚荣心是为了取得荣誉和引起普遍注意而表现出来的一种不正常的情感。

虚荣心的产生与人的需要有关。每个人都有受尊重的需要。这种需要包括成就、力量、权威、名誉、地位、声望等。有了成就，就可能受尊重；有了力量、权威，就可能受尊重。权威、名誉、地位、声望都与尊重息息相关。

尊重的需要可以通过许多正当的手段来获得满足。帮助他人，他人给你以尊重；工作出色，同伴给你以尊重。可是，也有一些人在尊重的需要得不到满足，或者尊重的需要可能受到某些挫折时，通过不恰当的手段来获得满足，这就是虚荣。因此，有的人说，虚荣心是一种扭曲了的自尊心。

虚荣心的心理原因是多种多样的，它可能出于自负，也可能出于自卑。自负的人认为自己很好，当达不到目标又不肯认输时，可能采取弄虚作假的方式粉饰自己。自卑的人怕他人看不起自己，当他不能正视自己的缺点与不足，无法承受失败时，也可能用“打肿脸充胖子”的方式保护自己。

一是虚荣与懒惰有关，有些人有能力，也想取得好成绩，但不肯踏踏实实地学习、工作，吃不起苦，因而只好不择手段地追求荣誉。

二是不良的社会风气也可能导致不少孩子的虚荣心，如当周围许多人都在弄虚作假时，本来诚实的孩子也会抵挡不住诱惑而随波逐流。

三是孩子的虚荣心与父母的溺爱有关。有的父母总爱讲孩子的优点，掩盖孩子的缺点，甚至在亲戚朋友同事面前，经常夸耀自己的孩子。孩子经常听到的是赞美的声音，却无人指出他的缺点。

绝大多数孩子的虚荣心属于一般心理现象，不需要心理治疗，只要进行自我心理调节，战胜虚荣就行了。但在两种情况下需要有足够的勇气面对自己：一是诚实会给自己带来难堪的时候；二是不诚实会给自己带来荣誉的时候。

【纠正方法】

第 1 步：认清危害。虚荣虽然不会产生社会危害，但用扭曲的方式表现自己的自尊心和荣誉感，也是心理不健康的表现。

第 2 步：认识自己。要引导孩子对自己的优点和缺点有一个客观的认识，既不要过高估计自己，也不要无视自己的短处。优点并不一定是自己比别人好的地方，缺点也不一定是自己不如别人的地方。并且，优点和缺点往往是相辅相成的，没有绝对的优点和缺点。如果孩子能客观地认识自己，即使自己不如他人，或者被人轻视，也能自我排遣，获得心理平衡，不至于用夸张或逃避的方式来保护自尊。

第 3 步：心理调节。人是生活在比较之中的，要完全摆脱比较是不现实的。但过分比较往往是虚荣的起点，如比酷、比靓、比吃、比穿、比用、比分数、比荣誉、比父母、比亲戚、比外表、比魅力、比能力、比水平等，不管什么内容，比过了头，就可能走火入魔，追求虚名。因此，要注意孩子心理的变化，把握攀比尺度，多给孩子讲道理。

第 4 步：创造机会。让孩子通过自己的劳动获得自己需要的东西，可以让孩子做一些家务，然后从中取得回报。

第 5 步：正确对待。社会有等级性，孩子也有等级观念。轻视弱者、尊重强者是客观存在的。一个贫贱的家庭背景确实会遭到他人的轻视，如果在乎这种轻视，他人可能会更加轻视。相反，如果不计较，也就少了几分烦恼，就不会做出伤害自己亲人或自己的事情。

第 6 步：提升修养。虚荣的背后便是修养和情操问题。良好的内心修养和高尚情操是遏制虚荣的磐石。有了这块磐石，孩子就有底气托起自尊、自爱、自强、自立，而不去追求虚荣。

行为纠正及转变结果日记

任何不良行为的纠正与转变，都需要孩子不断地练习、努力以及父母的鼓励。

在孩子行为转变的过程中，可能每次只是前进一小步，但无论进步大小，父母都应该向孩子表示肯定与鼓励。每一种不良行为的纠正与转变，都有一个从被动到主动再到自动的过程，至少需要 3 周也就是 21 天的时间，因此千万不要轻言放弃，而应该坚持坚持再坚持。有道是“条条大路通罗马”，也许一种策略失败了，另外一种就能成功。请把孩子每周的表现记在下面的横线上，并且在《行为纠正与转变结果日记》上记录孩子每天的变化。

21天后，期待你的孩子带给你一个惊喜！

纠正与转变的目标行为：________________

第1周（第1个7天）

____

____

____

第2周（第2个7天）

____

____

____

第3周（第3个7天）

____

____

____

行为纠正与转变结果

____

____

第 6 种行为：自私

【问题描述】

自私是一种以自我为中心，只关心自己得失而不顾他人利益的不良性格。孩子自私的性格多因家人的溺爱而形成。现代很多家庭中，孩子在父母、祖父母及外祖父母的呵护下，不知不觉中习惯了别人对自己的付出，自我意识很强，吃好的，穿好的，玩好的，家中一切必须以他的情绪变化和要求为中心，如果达不到要求，就会脾气，久而久之，便形成了自私的性格。

在家里，孩子应处于受教育的地位，衣食住行玩都应该由父母根据他们的生理和心理特点，进行合理的安排，切不可迁就他们的不合理要求。对孩子的过分迁就，也是对孩子不负责任的表现。

孩子自私性格的养成，与家庭教育有关。要纠正这种不良的性格，父母应该从家庭教育着手，自身也做好榜样，在日常生活中培养孩子慷慨大方的性格。

下面是一位母亲含泪的述说：

那是在夏天的一个正午，天特别热，孩子吵闹着要吃西瓜，我赶快到菜市场给他买。

室外骄阳似火。当我满头大汗地拎着西瓜刚进家门时，孩子就冲我嚷嚷："妈，你怎么这么慢啊？我都渴死了！"我赶忙走进厨房，洗净后切开西瓜，下意识地尝尝西瓜甜不甜。这时候，我突然听见孩子像刀子一样的呵斥："谁让你先吃啊，你赶快给我吐出来！"我目瞪口呆地站着，简直不敢相信这些话出自我一直疼爱的孩子之口，顿时泪水盈眶。孩子可能发现我哭了，接着说："算了，这次我原谅你，下一次可不允许你这样了啊！"他的语调是成年人式的不容分说，我听了心如针扎。我没想到孩子会这样对待我，也不知道他怎么就会说出这样的话。

其实，这种现象已不值得惊奇，这都是父母自己种下的苦果。现在许多家庭都只有一个孩子，都把孩子当成掌上明珠那样供着，特别溺爱与娇惯，孩子渐渐地就形成了这种自私自利的行为。所以，做父母的一定不要让孩子觉得自己就是家庭的中心，大家都应该围着他转，从而助长孩子的占有欲和以自我为中心的性格。

【仔细想想】

造成孩子自私的原因很简单：你老把他放在中心的位置，他自然就习惯自己是中心了；你总像伺候皇帝一样伺候他，时间长了，他自然就找到“当皇帝的感觉”了。可以说，造成孩子自我中心的根源在父母身上，怪不得别人，也怪不得孩子。要知道，自私的孩子是感觉不到自己自私的，他表现出来的只是习惯性的思维方式和行为方式，这种方式使别人感到他是自私的。

作为一种人格特征，以自我为中心产生的消极作用主要以自私表现出来。这就导致了以自我为中心的孩子在与外界的交往中排斥“异己”、拒绝开放、忽视理性力量、回避真诚、吝啬付出、难与他人合作相处。

年幼的孩子，一般只会想到自己，不会想到别人。这是因为他们思维能力有限，难以理解事物之间的相互关系，往往以自我为中心去认识事物，这是幼儿的思维特征，因此不肯与人分享是很自然的。而且很小的孩子常常认为凡是他能够得到的东西都是属于他的。但是他们也喜欢讨大人的欢心，如果教他们学会分享，他们五六岁时，一般能在大多数时间里和伙伴一起好好玩。

慷慨、谦让一直以来都是我们中华民族的传统美德。现在的社会现实是一家只有一个孩子，孩子没有兄弟姐妹，在家庭中学会谦让的机会有限，因此父母应该给孩子创造和别的孩子交往的机会，让孩子在团体中学会谦让，在家里的时候也不要事事迁就孩子，不要满足孩子不合理的要求。

【纠正方法】

第 1 步：平等对待。在日常家庭生活中，取消孩子在家中的特殊地位，尽量不给孩子特殊待遇，合理满足孩子的需求，让孩子知道自己在家庭中与其他成员是平等的，消除其“以自我为中心”的意识。孩子在家中所吃所用，都应和其他家庭成员一样。

第 2 步：分析原因。父母要认真分析孩子自私心理的原因，尤其对孩子提出的不切实际、无理的要求，父母必须坚决而明确地加以拒绝，并说明拒绝的理由。

第 3 步：承担家务。父母应教会孩子从小学会自己穿衣、洗手帕、整理玩具等。还可以让孩子给父母倒茶水等，让他体验父母劳动的艰辛和付出，体谅和关心父母，不再自私自利。

第 4 步：学会分享。让孩子看到一起工作和分担任务的好处，或者告诉孩子，他们可以得到一份好吃的东西，但必须与人分享。帮助孩子建立群体思想，鼓励孩子把自己心爱的玩具让小朋友玩，把自己爱吃的东西分给小朋友吃，使孩子自私的行为逐渐减少。教会孩子与家人、朋友、邻居分享物品，如食品、书籍、玩具和彼此的欢乐等，要做到这点，也要求父母有无私的态度。

第 5 步：限制行为。对孩子提出的要求不要轻易满足，应根据实际情况适当给予满足，绝对不能有求必应。对不合理的要求，绝不能迁就让步，否则，孩子就会得寸进尺，进一步提出不合理的要求。

第 6 步：关心他人。在能够帮助别人的情况下，而别人又有事相求的时候，父母可以教孩子如何帮助别人解决困难。比如带孩子参加一些募捐活动。孩子会通过实际活动与父母的思想启发认识问题，养成良好的助人为乐精神。

行为纠正及转变结果日记

任何不良行为的纠正与转变，都需要孩子不断地练习、努力以及父母的鼓励。

在孩子行为转变的过程中，可能每次只是前进一小步，但无论进步大小，父母都应该向孩子表示肯定与鼓励。每一种不良行为的纠正与转变，都有一个从被动到主动再到自动的过程，至少需要3周也就是21天的时间，因此千万不要轻言放弃，而应该坚持坚持再坚持。有道是“条条大路通罗马”，也许一种策略失败了，另外一种就能成功。请把孩子每周的表现记在下面的横线上，并且在《行为纠正与转变结果日记》上记录孩子每天的变化。

21天后，期待你的孩子带给你一个惊喜！

纠正与转变的目标行为：____________________

第1周（第1个7天）

____

____

____

第2周（第2个7天）

____

第3周（第3个7天）

行为纠正与转变结果

（二）道德的矛盾

第7种行为：没礼貌

【问题描述】

讲礼貌和注重礼节可以使人与人之间的关系更融洽，交流也更通畅、和谐。现在有些孩子说话口无遮拦，行为举止也不是很得体，常常弄得父母很难堪。

这些孩子在其他方面的表现都不错，就是不太懂礼貌，特别是经常用命令的口吻与父母甚至与客人说话。父母每次都注意纠正，但效果并不明显，这让成年人大伤脑筋。然而，不懂礼貌的孩子若是不能及时纠正，就会愈演愈烈，酿成苦果。

《北京青年报》上登载过一条消息：一个 15 岁的少年因为环卫工人制止他乱扔纸屑，盛怒之下满口污言秽语，还对那位女清洁工拳打脚踢。

此事在社会上引起了很大反响，许多市民纷纷表示出了极大的愤慨。孩子如此蛮横，的确让人痛心疾首。在我们身边，这种不讲文明礼貌的横孩子的确不在少数。我们经常能听见一些孩子出口成“章”（脏），张口一个“妈的”，闭口一个“我 ×”，而且凶神恶煞。鲁迅先生当年所尖锐抨击过的“上溯祖宗，旁及姐妹，下连子孙，遍及两性”的“国骂”，竟然在一些孩子的嘴里如同炒豆子一样噼啪乱跳，令大人们瞠目结舌。

许多父母由于忽视了对孩子的个人修养教育，孩子说脏话便成了习惯。也许孩子口中飞出的污秽之语没有任何针对性，似乎也未给任何人造成心灵上的伤害，但脏话毕竟刺耳，会破坏一个人的形象，同时也会妨碍正常的人际交往。

【仔细想想】

孩子对大人说话态度无礼，不讲礼貌，通常有以下几个方面的原因：

一是父母平时没有注意自身不礼貌的言行举止，孩子耳濡目染之下学会。

二是父母对孩子溺爱、娇惯，孩子做事以自己为中心，没有意识到说话时要考虑别人的情感。

三是有些父母认为孩子还小，对他们不礼貌的言行不加制止。结果在孩子心中父母缺少尊严，导致他对父母轻视无理。

四是父母在教育孩子的过程中方法不适当，造成孩子的抵触心理。

要想培养出一个知书达理、讲礼貌的孩子，父母应从自身做起，通过自己的言行培养孩子的礼貌行为，告诉孩子礼貌的重要性以及怎样去做。要根据孩子的年龄和发育阶段合理地提出要求，同时也不要低估孩子的能力。

【纠正方法】

第 1 步：立即制止。当孩子不懂礼貌，说话语气粗鲁时，要立即制止。告诉孩子人无礼时别人感受，觉醒自己无礼将带来的不良后果。

第 2 步：冷静对待。逐一解决每个问题，这要比同时对付所有的问题好得多。如果当务之急是教孩子学会说“请”和“谢谢”，那么，父母在解决这个问题之前不要又去解决其他问题。

第 3 步：分析原因。发现孩子没有礼貌，既要找孩子的原因，也要找父母自身的原因。

第 4 步：以身作则。父母平日要做到语言美，不讲不文明的话，也不在背后恶语伤人，以免孩子受父母影响，形成不好的说话习惯。即使批评孩子，也应心平气和地采用文明的语言，明确指出孩子错在何处，不能出言粗鲁，一味责骂。

第 5 步：适当惩罚。对孩子不文明的行为要采取灵活的方式进行惩罚。如果你的孩子吃饭时总是不守规矩，那么一个合乎逻辑的后果，就是他不改变行为就不能到餐馆用餐；或者，如果他在宴会上没有礼貌，他以后就不能参加宴会。

第 6 步：及时表扬。与孩子促膝谈心，告诉他讲礼貌的重要性以及你的期望。鼓励孩子讲礼貌的最好方式就是随时对他的好表现进行表扬。必要时，同孩子谈一谈他不懂礼貌的问题。把举止粗野的人指给孩子看，提示孩子应该学习的礼节。同时要练习正确的行为。这个方法可以使孩子意识到第一次就把事情做得好一些要更省事。比如，孩子没有说“请”字，你要让他用“请”字讲 10 句话。

行为纠正及转变结果日记

任何不良行为的纠正与转变，都需要孩子不断地练习、努力以及父母的鼓励。

在孩子行为转变的过程中，可能每次只是前进一小步，但无论进步大小，父母都应该向孩子表示肯定与鼓励。每一种不良行为的纠正与转变，都有一个从被动到主动再到自动的过程，至少需要 3 周也就是 21 天的时间，因此千万不要轻言放弃，而应该坚持坚持再坚持。有道是“条条大路通罗马”，也许一种策略失败了，另外一种就能成功。请把孩子每周的表现记在下面的横线上，并且在《行为纠正与转变结果日记》上记录孩子每天的变化。

21 天后，期待你的孩子带给你一个惊喜！

纠正与转变的目标行为：________________

第 1 周（第 1 个 7 天）

____

____

____

第2周（第2个7天）

第3周（第3个7天）

行为纠正与转变结果

第8种行为：不守信

【问题描述】

守信是一种优良品德，失信是不道德的行为。一个言而无信的人，是不会得到别人尊敬的，同时也没有人愿意与其合作。

丁潇读五年级了，却有一个不守信用的毛病：向同学借了东西不还；答应别人的事情，十有八九丢在脑后，不当回事。一次与同桌李贝事先约好去游泳，到时候却又自己去逛商场了，害得李贝空等半天。

像丁潇这样的例子，小学生中并不少见。孩子还小，光靠父母批评和单纯地讲道理，未必奏效。父母需要冷静寻找孩子不讲信用的原因，然后有的放矢，采取对策。

一般来说，由于少年儿童的心理特点之一是爱模仿，因此孩子的所作所为，常常与周围的人和事有密切的关系。不守信用的毛病，应该也是来源于环境的影响。如果在他的周围，有人不讲信用，或借物不还，或不守约定，特别是孩子熟悉或关系亲密的人有如此行为，对孩子就会产生直接的负面影响，孩子就会形成“不用对自己的承诺负责”的错误观念，并且在行为上也效仿起他人来。同学之间如果发生了失信的事情，受损的一方或许会以同样的方式报复对方，造成相互影响和“传染”。这样一来，不仅使孩子的品行受到不良影响，而且相互之间没有了信任感，会给孩子幼小的心灵蒙上阴影，其危害是不言而喻的。

孩子不讲信用的另一个因素在于人性的某种弱点。为什么孩子“学坏容易学好难”呢？因为学好需要人努力付出，比较辛苦；而孩子模仿他人不讲信用的行为，可以使他逃脱某种责任和付出，得到暂时的“好处”或“方便”，这迎合了人性的某种弱点。但是从长远来看，人失去了信用，将难以求得他人的帮助，实乃得不偿失。

【仔细想想】

有的孩子答应了小朋友或者父母的事，后来却没有兑现。这是为什么呢？仔细分析有这样几个原因：

一是孩子一时高兴答应了，后来又不情愿那样做，这是孩子普遍存在的心理现象。

二是父母阻挠。孩子非常喜欢与小伙伴交往，也愿意把自己的东西拿给他们一同玩或者交换着玩，而父母出于各种原因，反对孩子与别人交往，每次都编出许多理由哄劝孩子，直至孩子点头应允。

三是由于孩子暂时的遗忘而没能做到。孩子有时贪玩，或者因为别的事情而暂时忘记了，给人不守信用的印象。

孩子不守信用，很难赢得别人的信任，一旦失信于人，就失去了一笔宝贵的人生财富，对以后的发展是很不利的。父母要仔细分析孩子不守信用的原因，教育孩子做一个诚实守信的人。

【纠正方法】

第 1 步：以身作则。父母要以自己的行为，给孩子树立最直接、最权威的榜样。这需要大人平时注意自己的行为，尤其在孩子面前，待人接物都要守信用。

第 2 步：适度表扬。父母要让孩子明白，不要因为好表现自己，就错误地估计自己的能力，如果确实没有能力办到，就向他人说明，不要为顾全面子而勉强答应，避免因办不到而失信于人。即使答应了，但在做的过程中遇到了预想不到的困难，也要向别人说明情况，以求得别人的谅解。

第 3 步：分析原因。平时要多留意孩子的人际交往，抓住点滴事例，随时指点开导，做出合理评价。凡做对的，给予肯定和鼓励；做错的，给予客观的分析，以利于改正。对孩子的言行不一的行为，要及时指出，并讲明道理。不要因为自己的孩子还小，就放纵他们的缺点。父母在发现了孩子的缺点以后，应给他们指出来，并督促他们按自己的诺言去做，履行自己的承诺。同时，父母还可以讲讲信誉在人际交往中的作用，让孩子懂得履行自己的诺言在生活中的重要性。

第 4 步：以事说理。父母要把信用的作用、守信用的重要性，以及不讲信用的危害，用孩子最容易理解和接受的方式与语言，告诉孩子；可以结合一些事例教育孩子，也可“以其人之道还治其人之身”，巧设方案，让孩子亲身体验别人不讲信用对他的损害，或让孩子感受失信于人之后遭到别人的白眼和不信任的待遇，心中有所触动，从而体会不讲信用的害处。

第5步：责任在心。父母培养孩子做事的责任感，哪怕是区区小事。让孩子知道，答应别人的事一定要按时做好，因为别人把事情成功的希望全都寄托在你身上，如果你不按时做好，就可能误了别人的事，别人会因此不信任你，失去别人的信任是很难挽回的。让孩子认真地想一想，这样他会增强责任感，把答应别人的事确实放在心上，并郑重其事地去完成。

第6步：自我提醒。自我提醒的方法如下：父母让孩子把要做的事情记在本子上或写在自己容易看得见的地方；临睡前想一想，自己还有哪些事没做好等。

行为纠正及转变结果日记

任何不良行为的纠正与转变，都需要孩子不断地练习、努力以及父母的鼓励。

在孩子行为转变的过程中，可能每次只是前进一小步，但无论进步大小，父母都应该向孩子表示肯定与鼓励。每一种不良行为的纠正与转变，都有一个从被动到主动再到自动的过程，至少需要3周也就是21天的时间，因此千万不要轻言放弃，而应该坚持坚持再坚持。有道是“条条大路通罗马”，也许一种策略失败了，另外一种就能成功。请把孩子每周的表现记在下面的横线上，并且在《行为纠正与转变结果日记》上记录孩子每天的变化。

21天后，期待你的孩子带给你一个惊喜！

纠正与转变的目标行为：____________________

第1周（第1个7天）

第2周（第2个7天）

第3周（第3个7天）

行为纠正与转变结果

第9种行为：偷东西

【问题描述】

日常生活中，有的孩子因为没有建立起成熟的道德观和自控能力差，而家中又无法满足其需求时，就会发生偷东西的不良行为。

有的孩子去幼儿园或小朋友家里玩时，偷偷地把别人的图书、玩具等物品带回家来，占为已有，有时还编造谎话说是老师奖励的或小朋友送的，这种现象在4—6岁的孩子中并不少见。

小华去亲戚家玩时，总会悄悄地把自己喜欢吃的东西藏到口袋里带回来；他还常常从幼儿园私自带回喜爱的玩具。妈妈很生气，问他为什么要拿别人的东西，他一脸无辜地说："因为我喜欢这些东西。"

妈妈冷静下来后，耐心告诉孩子不能随便拿别人东西的道理，并和他讨论："如果你喜欢的玩具不见了，你觉得怎么样？会难过是不是？"从而让孩子认识到自己的行为给别人带来了不便和烦恼，并要求孩子及时把东西送还人家。送还的时候妈妈陪小华一起去，在这个过程中借机加深对孩子的教育，告诉他："不管什么时候，只要你拿了不属于自己的东西，就必须把它送回去。"长期这样训练下来后，小华随手拿别人东西的习惯渐渐改正过来了。

在社会上无人不憎恨偷窃行为，没有哪个父母愿意自己的孩子成为那样的人，因此从小进行教育、从小事进行教育是十分必要的。父母首先要对这一问题有个正确的认识：既不要把这一问题看得过轻，认为孩子大了自然就会懂事了，而不对孩子加以教育；也不能把这一问题视为洪水猛兽，把孩子说成是小偷。父母应该告诉孩子："世界上有很多很多的好东西，任何人都不可能全部拥有。别人的东西再好，只是别人的，如果你也想得到可以向父母提出，确实需要的爸爸妈妈可以给你买。如果你想向别人借用或看一看，必须经过别人的允许，这是一个懂礼貌的孩子肯定能做到的事。"

【仔细想想】

孩子"拿"别人的东西这种行为的常见原因有：

一是别人的东西不可以拿的观念还没有形成。

二是父母过于迁就、满足孩子。这样使得孩子心中没有是非标准，他想要的东西就直接去拿。还有的父母乱放钱，发现少了点零钱也不追究，当孩子发现不征得父母的同意就可拿钱去买他所喜欢的东西，并且不受追究时，他就会认为这种行为是可行的。

三是孩子的合理要求没有得到应有的满足。由于孩子的合理要求没有得到应有的满足，他们从父母那里得不到自己想要的东西，但又羡慕别人的东西，于是他就会采取“拿”别人东西的办法。

四是父母不良行为的影响。当孩子看到父母从单位或办公室把东西拿回家时，他会以为拿别人的和公家的东西是正常的，于是他自己也会效仿父母去拿别人的东西。

面对孩子的“偷窃”行为，父母应保持冷静，分析他拿东西的原因。一般来说，孩子 3 岁以前拿人家的东西是正常的反应，五六岁时虽可谅解，但需要引起重视；七八岁以后若常拿别人的东西，父母就需要严加管教。

【纠正方法】

第 1 步：指出错误。当发现孩子有偷东西的行为时，应立即告诉孩子偷东西是错误的。孩子由于年幼，对所有权、是非观念不分，父母发现孩子的过失行为，不应拿成人的标准冠以孩子“偷盗”的罪名，也不要大声呵斥、惩罚他们，更不要将他们的行为公诸于众，而是要保护孩子的自尊心。经过有针对性的训练，孩子还是能改掉“顺手牵羊”的毛病的，父母一定要注意自己的教育方法。

第 2 步：及时纠正。在孩子认识到自己的错误后，父母千万不可因顾及自己的面子对孩子说句“到此为止，下不为例”的话就算了，一定要带着孩子主动及时把东西送还人家，并让孩子诚恳地向对方道歉。

第 3 步：分析原因。发现孩子偷东西的不良行为，要告诉孩子自己的感受："本来妈妈（爸爸）对这件事觉着很难堪，但是一看到你能主动承认错误并且真的想改正错误，真让人高兴！"对于极少数已经形成习惯的孩子，父母应加强对孩子的观察了解，发现不良影响源应及时处理，并且让孩子知道这种行为是让所有的人痛恨的，如果不改，后果是非常严重的。

第4步：换位思考。父母可以根据孩子的接受能力，讲一些通俗易懂的小故事，使孩子知道事情的严重性，产生恐惧唤醒效应以增强其改正的决心，切忌对孩子"偷窃"的行为又打又骂，否则很有可能使孩子原本无心的行为，变成根深蒂固的坏习惯。此外，对于年龄稍大的孩子，如果孩子已改正错误，父母任何时候都不要再旧事重提，以免孩子背上沉重的精神包袱。比如让孩子想象自己最心爱的橡皮被别人拿走了，自己会有怎样的心情和想法？如果你拿走的正是别人最心爱的呢？通过设身处地的想象，让孩子明白别人丢了心爱的东西会和自己一样难过，拿别人的东西会给别人带来烦恼和痛苦。如果屡教不改，就要进行惩罚。

第5步：以身作则。父母给孩子树立良好的榜样，不要私自把不是自家的东西拿回来。

第6步：适度满足。可以和孩子做借东西、还东西的游戏。年龄很小的孩子是以自我为中心的，他们不仅在别人碰他的东西时会大叫"是我的！"，也会把他们想要的东西都视为己有。父母检查一下提供给孩子的生活内容，包括物质上和情感上的，是否能满足孩子的需求。若上述行为是由于物质或情感的匮乏而引发的，父母就应该考虑如何适度地满足孩子，以避免类似的行为再出现。

任何不良行为的纠正与转变，都需要孩子不断地练习、努力以及父母的鼓励。

在孩子行为转变的过程中，可能每次只是前进一小步，但无论进步大小，父母都应该向孩子表示肯定与鼓励。每一种不良行为的纠正与转变，都有一个从被动到主动再到自动的过程，至少需要3周也就是21天的时间，因此千万不要轻言放弃，而应该坚持坚持再坚持。有道是“条条大路通罗马”，也许一种策略失败了，另外一种就能成功。请把孩子每周的表现记在下面的横线上，并且在《行为纠正与转变结果日记》上记录孩子每天的变化。

21天后，期待你的孩子带给你一个惊喜！

纠正与转变的目标行为：________________________

第1周（第1个7天）

____

____

____

第2周（第2个7天）

____

____

____

第3周（第3个7天）

行为纠正与转变结果

第 10 种行为：乱告状

【问题描述】

由于道德认识的幼稚，孩子对于是与非、好与坏、善与恶的理解，常带有直观、具体、肤浅的特点，因而，他们会用直接利害去看待好与坏，与他人有一点小矛盾，就会去告状。

刚放学回来的珊珊一进家门就迫不及待地告诉妈妈："妈妈，我今天帮了老师一个忙，我告诉老师同桌上课时偷看画报，老师把他的书没收了。"看着女儿得意的样子，妈妈心里很不高兴，她告诉珊珊："这样做不对，珊珊应该直接提醒同桌好好学习，不要上课看画报。如果反过来的话，珊珊也是不高兴的啊。"

年少的孩子爱告状是由他们的年龄特点决定的。这个时期，孩子的独立性没有发展成熟，依赖心理还比较严重，解决困难的能力也不强。因此，当他们面对生活中的一些问题的时候，很自然地就想到找成人去解决，希望得到表扬，也想在父母面前炫耀。

父母应该鼓励孩子自己去面对和解决生活中的问题，这对孩子来说是一个很好的经历，因为，在这个过程中，孩子学会了独立、学会了开动脑筋、学会了同情、也学会了如何处理好同学之间的关系。

台湾心理学家林正文教授强调，当孩子告状时，父母不应直接解决问题，而应该鼓励孩子自己解决问题。

因此，当孩子们遇到问题来告状时，父母正确的态度应该是：告诉孩子自己动脑筋想一想，怎样去解决；怎样帮同学去解决。这样孩子在今后的生活中才能够真正地自己去面对和解决出现的问题。

【仔细想想】

不少孩子爱告状，但他们的告状没什么恶意，只是想看看大人如何处理“被告”。大人最好不要立即表态，要弄清孩子告状的目的，区别对待。

孩子爱告状，大概有以下几种情况：

一是被别人欺负后，想寻求大人的保护。

二是检举别的孩子，希望大人对他的是非判断做出肯定。这种行为不宜鼓励，更不能当着“告状”孩子的面批评另一个孩子。

三是为自己辩解，做错了事想逃避责任，想免受批评和惩罚。这时父母要分清责任，该惩罚的绝不姑息。要让孩子认识到：把责任推给别人是不对的。

四是挑剔性的告状。如：“妈妈你不让我看电视看得太晚，可爸爸昨晚看球赛你为什么不管？”这时候大人不要马上去责罚“被告”，哪怕“被告”的确不对。要让孩子知道：责罚别人与他无关，他应该专注自己的事，而不是去挑剔别人的过错。

五是追求自我表现，想从大人那里得到肯定的评价。

六是嫉妒他人，企图利于告状来贬低别人，抬高自己。

其实，孩子告状是一种依赖心理的表现，孩子的告状是否应该制止，主要需看其告状的动机。当然，随着年龄的增长和视野的开阔，孩子的“告状积极性”会逐渐消失。

【纠正方法】

第1步：认真倾听。当孩子告状时，父母要平和对待，以尊重、理解孩子的态度认真倾听。尤其是父母不应说“去，我忙着呢！”或简单地应一句“知道了”，这样对孩子不礼貌、不尊重，会使孩子感到委屈。父母而应耐心倾听，并从孩子的角度去尊重和理解他，不要反感，不要追问，平静地表示听见了。

第2步：认真对待。积极对待告状，从中获得了解孩子的信息，供父母参考策划对孩子的教育。例如，培养孩子如何与同伴相处，怎样面对矛盾等。

第3步：分析原因。父母应弄清孩子告状的原因，适当安慰孩子，但不应完全相信自己孩子的话，更不应找别的孩子的父母争吵，应鼓励、启发自己的孩子说出事情的过程，想想是谁的错，该怎样解决问题。

第4步：把握特点。通过告状，了解自己孩子的缺点。孩子告状时说的别人的缺点，很可能也是他自身的缺点。父母应留心，并启发孩子：“这样做不对，如果是你，你应该怎样做呢？”以帮助自己的孩子从中吸取教训。

第5步：引导处理。不要代替孩子处理矛盾。孩子的事情需要孩子自己去面对，孩子就是在与外界的碰撞中成长的。

第6步：公正公平。对于确实被欺负的孩子，父母要理智行事，不可冲动。既不要一味地责怪别人，也不要只批评自己的孩子，要协调各方，公正公平地处理问题。

行为纠正及转变结果日记

任何不良行为的纠正与转变，都需要孩子不断地练习、努力以及父母的鼓励。

在孩子行为转变的过程中，可能每次只是前进一小步，但无论进步大小，父母都应该向孩子表示肯定与鼓励。每一种不良行为的纠正与转变，都有一个从被动到主动再到自动的过程，至少需要3周也就是21天的时间，因此千万不要轻言放弃，而应该坚持坚持再坚持。有道是“条条大路通罗马”，也许一种策略失败了，另外一种就能成功。请把孩子每周的表现记在下面的横线上，并且在《行为纠正与转变结果日记》上记录孩子每天的变化。

21天后，期待你的孩子带给你一个惊喜！

纠正与转变的目标行为：____________________

第1周（第1个7天）

____

____

____

第2周（第2个7天）

____

____

____

第 3 周（第 3 个 7 天）

行为纠正与转变结果

第 11 种行为：说脏话

【问题描述】

说脏话会引起他人的厌恶，你的孩子咒诅、骂人、满口脏话。他的话常常噎得你不知所措，伤心落泪。不管是在家里，在商场，还是在长辈跟前，脏话脱口而出，令你愤怒异常。你无法相信你的孩子竟然表现得这样缺乏教养。

一位母亲说，有一次她为儿子洗澡，小家伙特别兴奋，用手把水拍得四处飞溅。孩子的调皮让母亲很烦躁，于是顺口骂了一句“小混蛋”。哪知道说者无心，听者有意，孩子仿佛觉得这三个字的音节特别有力，从此无论是高兴还是气愤的时候，他都喜欢把“混蛋”两个字挂在嘴上，不分场合、不分对象地乱说，甚至还别出心裁、无师自通地在混蛋前加上“老”“大”“胖”“瘦”等字眼，以此形容不同的对象。孩子的“语言天赋”让这位母亲很头痛。

这一事例给我们提了个醒，平时在孩子们面前说话时一定要“小心”，不要“出口成脏”。父母一定要记住，孩子的语言是否通顺，用词是否准确、文明，都和我们平时的语言模式有关，要让孩子不说脏话，父母应该给他们创造一个良好的语言环境。

【仔细想想】

孩子不文明的言谈举止无非来自三个方面：家庭、学校、社会。

家庭的影响是主要的，因为它对孩子的影响先入为主，影响力度最大（耳濡目染）、深度最广（潜移默化）、时间最长。

学校是文明的地方，对学生言谈举止的影响应该是正面的，但是父母不要忘了，学校除了正规教育之外，还有非正规的“民间”活动，那就是同学之间的私下接触。同学父母中什么素质的人都有，于是各种不文明的言行也就在私下传播开来。

在社会影响中，传媒的消极作用不可忽视。例如江湖片、警匪片为了描写反面人物，总要有些不文明的言谈举止，这是他们的标志性特征，不可或缺，但是如果没有恰当地引导，孩子就会当成新鲜事物学，而且觉得“够派”。

孩子说粗话的原因很多，我想归结起来有：

一是想引起注意；二是表达愤怒；三是有意骂人。

比如有的孩子张嘴就是痞话，他们在自己的每句话中都塞满了不文明的词语，之所以如此是因为他们的朋友就是这么做的。还有一个原因就是把脏话当作武器向父母发泄心中的愤怒。

孩子说脏话是因为他们听别人说了（从家人和其他孩子那里），自己试一试，结果发现招来了父母强烈的反应。就如他的坏习惯一样，他们会不断地尝试，为的就是让父母再做同样的反应。

【纠正方法】

第1步：制定规矩。孩子一旦说脏话，就要及时制止。要允许孩子把说些什么作为发泄一时不满情绪的渠道。对孩子得体的用词要给予表扬；如果他能用可接受的语句表达不满，要表示感谢。

第2步：前后一致。父母要达成一致，哪些语言是接受的，哪些是不行的。让孩子明白哪些话是不能说的，哪些话是可以说的。向他们解释，伤人感情、让人难堪的话是不礼貌的、不恭敬的、粗俗的，有种族或性别歧视的话是不可容忍的。

第3步：分析原因。父母要认真分析孩子满口脏话的原因，是模仿性说脏话，还是发泄性说脏话。了解孩子的心理状态，然后对症下药。

第4步：以身作则。父母要注意自己的言语。身教重于言传，父母要首先洁净自己的言语，做一个有礼貌有教养有文明的人。

第5步：不要理睬。当孩子说脏话时，转过身去，拿张报纸看，他再说一两句盼望得到你的注意，你也不要理睬，直到他自觉无趣而放弃。在家不理睬和在外禁止两者结合，是纠正孩子说脏话毛病的捷径，2—14岁的孩子之所以那么爱说脏话就是要引起大人的不高兴。只要我们不理睬，他们就没有说脏话的理由了。记住，孩子通常不会独自一人说脏话。

第6步：适当惩罚。孩子说脏话，不要一味地恐吓训斥，要加强正面教育，讲清道理。如果孩子还是无动于衷，要适当惩罚。

行为纠正及转变结果日记

任何不良行为的纠正与转变，都需要孩子不断地练习、努力以及父母的鼓励。

在孩子行为转变的过程中，可能每次只是前进一小步，但无论进步大小，父母都应该向孩子表示肯定与鼓励。每一种不良行为的纠正与转变，都有一个从被动到主动再到自动的过程，至少需要3周也就是21天的时间，因此千万不要轻言放弃，而应该坚持坚持再坚持。有道是“条条大路通罗马”，也许一种策略失败了，另外一种就能成功。请把孩子每周的表现记在下面的横线上，并且在《行为纠正与转变结果日记》上记录孩子每天的变化。

21天后，期待你的孩子带给你一个惊喜！

纠正与转变的目标行为：________________

第1周（第1个7天）

____

____

____

第2周（第2个7天）

____

____

____

第3周（第3个7天）

____

____

____

行为纠正与转变结果

第 12 种行为：撒谎

【问题描述】

几乎没有人没说过谎话。孩子也不例外。有的孩子因为弄虚作假，怕受到批评而说谎。还有的看到别的孩子因说慌而受到表扬，也模仿着去说慌。

这天妈妈出去买东西，让 4 岁的毛毛自己在家看书。毛毛想起妈妈前几天刚买了两个很好看的金鱼缸，决定拿出来看看。但毛毛个子小，够不着，不小心把鱼缸打碎了。妈妈回来后，毛毛说："刚才猫咪不听话，把鱼缸给打碎了！"

妈妈很清楚这是怎么回事，问毛毛："真是猫咪打碎的吗？"于是把猫抱来，假装问猫是谁打碎的，然后对毛毛说："猫咪说不是它打碎的。那是谁呢？妈妈买了很多好吃的巧克力，谁能诚实地告诉妈妈这是谁做的，妈妈就把巧克力给谁。"毛毛最喜欢吃巧克力了，主动承认了是自己打碎的。妈妈就说："巧克力只给诚实的好孩子吃，毛毛以后一定要做一个诚实的好孩子，对爸爸妈妈说真话，好吗？"毛毛认真地点点头。

孩子在 4 岁以前常把父母是否高兴，作为衡量自己行为对与错的标准，为了不让父母责怪自己，做错事不敢承认。这时不要轻易给孩子扣上"撒谎"的帽子，而要善于在引导孩子说实话的同时，保护孩子的自尊心，不让孩子的心灵受到伤害。

另外，由于孩子的认知能力还不完善，很多时候会将愿望与真实发生的事混同起来，把平时的幻想、梦境以及从图书、影视上看到的影像或别人谈话中说到的事情，当成现实说出来。五岁以下的孩子更容易出现这种情况。孩子说的这些话，在成人看来，往往会认为是说谎。

【仔细想想】

孩子为什么要说谎？主要有以下几个原因：

一是想象与现实混淆。6 岁以下的孩子常混淆想象与现实，把自己的愿望说得像真的一样。如将幼儿园的东西带回家，说："这是我的！"其实，他并不是有意"说谎"，而是以为玩过的就是自己的。

二是虚荣心作怪。孩子与同伴攀比，对于别人有而自己没有的东西却说"我家也有，可好玩了"。

三是取悦长辈。孩子做事时不仅想做好，很大程度上也想让父母高兴，从而得到更多奖励。成功难度较大时，为了不让父母失望，只好"说谎"，如"这次考试成绩还没有出来"等。

四是逃避惩罚。"要真说了我不及格，这个月的零用钱就没有了。"这些都是孩子真实而又天真的想法，而"说谎"有时还真能帮助自己躲过"一劫"。

五是不希望被打扰。有的孩子正玩在兴头上，父母开始催写作业了，于是孩子顺口说："写完了。"因为说"不想做"往往不被接受，撒谎则可能让父母信以为真。

六是引起别人对自己的关注。孩子年幼时不会表达自己到底需要什么，无意中会用一些"谎话"来表达。比如对父母说自己很怕黑等，其实只是想让大人陪他。

七是受周围环境的影响。平时接触的家人、亲友或小伙伴如果常常说谎，孩子也会学着说谎。

不同年龄的孩子说谎，含义不同，父母要合理分析，找出孩子说谎的动机与原因。这样可以让孩子知道你不仅关心他的行为，更关注他的需求。还要注意的是，不要因孩子的某一次谎言就给孩子的品质定性。

【纠正方法】

第1步：及时点破。要了解孩子的生活习惯，并注意观察他的行为，如果发现他说谎，就要及时点破。否则，他会觉得用谎话骗人很容易，会强化说谎的意识。及时地点破，孩子就会知道骗人达不到目的，没意思。慢慢地，孩子就会纠正自己的行为。点破时，要注意方法，不要伤害孩子的自尊心。

第2步：适度满足。父母可以适时地给孩子添置玩具、图书及彩笔等。让孩子意识到自己的需要，只要是合理的，家庭又是力所能及的，是会得到满足的。这样可避免孩子因需要不能满足而把别人的东西拿回来而又不告诉父母和小朋友。

第3步：分析原因。当发现孩子有不诚实的言行时，要冷静地听听孩子的想法，分析原因，对症下药，切不可急躁、粗暴，进行打骂、体罚等，这样只会适得其反，造成孩子为了躲避责罚打骂而说谎。有的孩子做错事，怕父母批评；也有的是为了取悦老师。父母要认真查找原因，具体问题具体分析。

第4步：强化养成。平时，要对这样的孩子加强养成教育，以发展其认知水平和表达能力。孩子做了错事或做的事情达不到要求时，不要对他训斥、惩罚，以免使他因为恐惧而说谎；也不能冷淡、疏远他，以免他因为怕失去爱而说谎。当孩子承认做错事后，要给予赞扬，让他体验到诚实的可贵。同时，要以爱为主导，以规则为准绳，帮助孩子认识到错在哪、为什么会错。

第 5 步：树立榜样。父母要做到言而有信，凡是答应孩子的事就一定要兑现。若因故兑现不了，要向孩子说明情况，表明不是有意骗他。要孩子做诚实的人，父母必须首先做到待人诚恳，不说假话，不掩饰错误。

第 6 步：制定规范。加强孩子生活常规的培养，对日常生活做出规范，保持张弛有度、健康有序的生活节奏，使孩子懂得什么时候该做什么事，以及应该怎样做好这些事。对孩子的要求，要适应各个年龄段生理、心理发展的程度，不能过高、过急。否则，孩子会感到有压力，促使他不自觉地隐瞒和掩饰真相，助长说谎的不良倾向。制定一些规则并严格要求。如：不是自己的东西不能带回家，做错事要勇于承认。规则一经提出就要严格执行，不能朝令夕改，父母要态度坚决，严格要求，切不可姑息迁就。孩子第一次说谎时，要引导他认错并改正；再发生这类问题时，要严肃地批评教育，引导他认识错误；如果他仍然不改，可以采取必要的措施进行警示，使他认识到“屡教不改”是要付出“代价”的。警示措施可以是暂停他玩喜欢的游戏、推迟已经计划好要买的玩具、图书、衣物的时间，等等。

行为纠正及转变结果日记

任何不良行为的纠正与转变，都需要孩子不断地练习、努力以及父母的鼓励。

在孩子行为转变的过程中，可能每次只是前进一小步，但无论进步大小，父母都应该向孩子表示肯定与鼓励。每一种不良行为的纠正与转变，都有一个从被动到主动再到自动的过程，至少需要3周也就是21天的时间，因此千万不要轻言放弃，而应该坚持坚持再坚持。有道是“条条大路通罗马”，也许一种策略失败了，另外一种就能成功。请把孩子每周的表现记在下面的横线上，并且在《行为纠正与转变结果日记》上记录孩子每天的变化。

21天后，期待你的孩子带给你一个惊喜！

纠正与转变的目标行为：________________________

第1周（第1个7天）

____

____

____

第2周（第2个7天）

____

____

____

第3周（第3个7天）

____

____

____

行为纠正与转变结果

（三）生活的烦恼

第 13 种行为：不爱吃饭

【问题描述】

不爱吃饭是孩子常见的不良行为。如果不及时纠正，就会影响孩子的正常发育。

“吃饭喽！”当妈妈兴高采烈地把一盘盘菜端到桌上时，可可却托着下巴，对饭菜毫无兴趣，任凭妈妈好说歹说，她就是不肯吃，勉强吃一口，还要吐出来。

其实，孩子不肯吃饭也许是有原因的，父母要先了解清楚孩子不肯吃饭的原因，如果纯粹是胡闹，那就不要勉强或勒令他待在桌前，干脆让他离开餐桌。不过要记住，在下一餐之前，除了开水以外，不要给孩子吃甜食、零食，而且下一餐，还是要求他按时就餐。如果孩子真的饿了，一定会好好吃饭的。这种方法能够把孩子的食欲调整过来，达到进食的目的。

还有一个办法是利用“外援”，邀请邻居的小朋友一起来吃饭，“竞争”会激起孩子的好胜心，使他们食欲大增。

吃饭是一种饮食行为，孩子正确的饮食行为和习惯的养成不容忽视，这是解决孩子厌食、拒食等吃饭问题的根本，需要引起父母高度重视。因此，父母需要在孩子饮食的过程中进行正确的引导，让孩子从小养成正确的饮食习惯。

【仔细想想】

肚子饿了就想吃饭是每个人的本能，如果孩子的肚子真的很饿了，就不会有不肯吃饭的问题。因此，孩子“拒绝吃饭”的理由最常见的就是肚子不饿。中国民间有句俗话叫“要想小儿安，三分饥与寒”，“三分饥”就是孩子在吃饭前饿了，表现在吃饭速度较快，吃饭看起来很香。

孩子肚子不饿当然吃不下饭，若父母一味地强迫孩子进食，反而会造成反效果。孩子不爱吃饭的原因一般来说有以下几种：

1. 父母常让孩子自己吃，不与家人一起进食，没有饮食气氛；
2. 孩子进食时，父母过分紧张地注视着，造成孩子精神紧张；
3. 孩子边吃边看电视或画册，影响消化功能；
4. 父母不注意变换食品花样，造成饮食结构不合理；
5. 允许孩子乱吃零食，特别是在饭前吃冰淇淋、巧克力等零食，使孩子食欲下降；
6. 催着孩子快嚼、多吃，孩子稍有怠慢就发脾气，使孩子反感；
7. 吃饭时父母数落孩子的错误，气氛不愉快，抑制孩子的食欲。
8. 孩子拒食时，父母强迫其进食，不能引起食欲；

孩子吃饭不是一件小事，若不重视，就可能造成孩子厌食、消化不良等诸多问题。父母应该针对孩子不肯吃饭的原因，采取相应的措施，帮助孩子快乐地吃饭。

【纠正方法】

第 1 步：按时吃饭。尽量做到吃饭的时间一到，全家人一起用餐，并规定孩子必须吃完自己的那一份餐，如果孩子不吃完，就算他等一会儿饿了，也不要再给他任何零食，久而久之，孩子便会养成定时、定量的习惯。

第 2 步：多种选择。每餐食物的品种要多样，让孩子吃到多种食物。培养孩子的进食兴趣，尽量提供孩子爱吃的色、香、味俱全的食物。

第 3 步：听取意见。孩子只需要足以抵御饥饿的食物，当孩子说“够了”时，当他们开始拿食物玩耍或变得不安静时，或说“不要”的时候，应让孩子离开餐桌。

第 4 步：适当活动。孩子不爱吃饭，大多是因为活动量不够，父母可适当增加孩子的活动量，孩子肚子真正感到饿了，自然不会抗拒吃饭。饭前不要让孩子吃过多的零食，比如巧克力或冰激凌等，这样会抑制他的食欲。

第 5 步：食量适宜。如果孩子吃得太多，就不能充分消化，容易导致消化功能紊乱。因此，父母要善于平衡饮食，合理搭配一日三餐。

第 6 步：鼓励奖赏。父母可记录孩子每天的食物摄入量，这样能清楚地反映孩子的进食情况，当孩子饭量增加，则给予奖赏，如带孩子郊游、看电视、讲故事等。

行为纠正及转变结果日记

任何不良行为的纠正与转变，都需要孩子不断地练习、努力以及父母的鼓励。

在孩子行为转变的过程中，可能每次只是前进一小步，但无论进步大小，父母都应该向孩子表示肯定与鼓励。每一种不良行为的纠正与转变，都有一个从被动到主动再到自动的过程，至少需要3周也就是21天的时间，因此千万不要轻言放弃，而应该坚持坚持再坚持。有道是“条条大路通罗马”，也许一种策略失败了，另外一种就能成功。请把孩子每周的表现记在下面的横线上，并且在《行为纠正与转变结果日记》上记录孩子每天的变化。

21天后，期待你的孩子带给你一个惊喜！

纠正与转变的目标行为：________________________

第1周（第1个7天）

____

____

____

第2周（第2个7天）

____

____

____

第3周（第3个7天）

____

____

____

行为纠正与转变结果

第 14 种行为：贪玩

【问题描述】

玩是孩子的天性，是他们对周围事物、大自然的浓厚兴趣的一种表现行为，是儿童探索世界的第一步。

刘圣是一年级的学生。妈妈总希望他能在放学之后立刻回家做作业、看复习资料或读课外书籍。可是，每当刘圣听到外面孩子们玩耍的声音，总是不能将注意力集到在学习上来。他每天都央求妈妈让他先去玩一会儿，玩完再回来做作业。这让母子俩每天都为这一问题争执不休，筋疲力竭。

有一天，妈妈对刘圣说："别去玩了，等你玩累了哪有精力做作业？再说我也没有那份精力和耐心去一次一次地喊你。你呀，什么时候都没有一叫就马上回来过。"刘圣回答道："今天你一叫，我就回来。我保证。""别浪费时间了，快点做功课吧。"没有得到妈妈的批准，刘圣无可奈何地做起功课来。但是，不到一分钟，他又央求妈妈说："妈妈，你就让我去玩一会儿吧，别的小朋友都在玩呢。"妈妈说："你都是学生了。哪能总想着玩。"

贪玩的孩子大多兴趣广泛，而一旦玩起来，就没有时间观念。对于贪玩的孩子，父母应该注意细心观察孩子爱玩什么，与哪些孩子玩，怎么玩……分析这样玩的后果对孩子身心健康是否有益，是否妨碍和伤害到其他人的利益，是否对社会环境产生不良的影响……

在没有进行细心观察掌握第一手资料之前，对贪玩孩子主观地横加干预是不妥当的。

【仔细想想】

所谓“贪玩”只不过是孩子在处理“玩”与“学”的过程中，在时间长短、轻重缓急上发生了错位。孩子爱贪玩，是诸多父母感到十分困惑的一个问题。

绝大多数健康的孩子都存在贪玩的毛病。对孩子的贪玩父母不要过分心急，当孩子贪玩影响了正常锻炼及生活时，父母则需要进行干涉。常见造成“贪玩”的原因有如下几个方面：

好奇心引出的“淘气”。心理学家告诉我们，孩子性格的典型特征表现为活泼好动、好奇。每一个事物对他们来说，都充斥神秘和奥妙。在好奇心的驱使下，孩子盼望掌握更多的事物，也期望自身能摸摸试试，经常是大人越不让看、越不让做的事情，孩子偏偏要看要做。

想引起大人的留意，成心调皮。有一些孩子表现欲极强，喜爱引起大人的留意，如有的目的是期望得出表扬，却经常做出了大人不喜欢的事情来。

精力过剩。随着孩子年龄的增大，每种能力不断增进，但大人所能提供的活动环境和条件不能够满意孩子需求，他们剩余的精力无处使用。

儿童多动症。这一种孩子表现为整天动个不停，但热情兴趣不长久，注意力集中时间不持久，行为基本没有筹划性和目的性，做事有头无尾，不能够高效地拘束和掌握自身。“小儿多动症”应由专业医生认定，父母不要匆忙下结论。

教育不当。父母平时工作忙，对孩子教育不够，孩子整日和其他孩子一起戏耍，如果没有拘束和引领，以使孩子沉溺于戏耍。学龄儿童贪玩则与多样因素有关，比如有的孩子匮乏锻炼热情，也有的因视力或听力等问题，由于看不清，不理解以致上课做小动作和淘气捣蛋等，这些也经常被老师及父母以为他们是贪玩。

【纠正方法】

第 1 步：细心观察。对于贪玩的孩子，父母应该注意细心观察孩子爱玩什么，与哪些孩子玩，怎么玩……分析这样玩的后果对孩子身心健康是否有益，是否妨碍和伤害到其他人的利益，是否对社会环境产生不良的影响……在没有进行细心观察掌握第一手资料之前，对贪玩孩子主观地横加干预是不妥当的。

第 2 步：因势利导。贪玩孩子的兴趣爱好往往十分广泛，父母要把贪玩孩子的爱好引向更科学、合理有助于身心健康的方面。孩子玩起来认真投入，往往不能自制。若孩子喜欢踢足球，他会在楼下的小路上踢。尽管场地狭小，仍然玩得兴致盎然。赶上上下班时间，路上车多人多，难免把球踢到行人身上或自行车上。其实，孩子喜欢踢足球是项好的体育活动，是锻炼长跑的好机会。但父母要阻止孩子在楼下踢球，应该在周六或周日带他到学校或专业的操场上去踢，这样活动场地大了，孩子也能跑起来了。这样做既保护了孩子的兴趣，又锻炼了长跑，弥补了体育课中孩子的弱项。

第 3 步：循循善诱。所谓循循善诱就是帮助孩子“玩好”“玩巧”，在“玩”中拓展孩子想象力，培养他们发现问题和解决问题的能力和方法。“游戏机”曾使很多父母“谈机色变”，甚至称其为影响孩子学习的“万恶之源”。素质教育专家则认同不然。对任何事物都应该一分为二来分析。游戏机作为一种高智能玩具，它能够训练大脑的快速反应和判断，以及手、脑的相互协调合作能力，使孩子的智能得到开发。当然，从另一个侧面来讲，如果孩子没有节制，长时间的玩必然会带来影响学习和身体健康的负效应。这就需要父母帮助孩子制定出学而有序的，具有约束力的时间表，以克服负效应所产生的影响。

第 4 步：控制时间。总体来说，父母担心的问题不外乎孩子玩的时候的时间控制，比如玩起来什么都忘记了，影响了正常的作息；或是玩得太疯了，身体受不了；还有就是玩的时候不注意安全，对身体有伤害。因而，父母要控制好孩子玩的时间。

第 5 步：与子同乐。有些父母总是板起脸来阻止孩子玩，不理解他们为什么喜欢玩，自然更不能分享孩子的乐趣了。父母如果能放下架子，以童真的心情与孩子一起出游或者做游戏，就能更好地理解孩子。比如跟孩子提前说好，玩的时候可以尽兴，但到了吃饭、睡觉的时间，一定要停止。告诉孩子：“看，妈妈都让你玩了，说好的，该睡觉了，如果睡眠不足，明天就没有精力玩了哦！”养成习惯以后，孩子自然而然地就会劳逸结合。

第 6 步：合理安排。孩子兴趣广泛，如果得不到合理的安排，往往在玩的时候投入的精力多，占用的时间长，没有节制的玩结果造成“贪玩”。改变孩子“贪玩”的现象，应该是父母帮助孩子合理地安排和选择“玩什么”、“怎么玩”和“什么时间玩”，使孩子能够在“玩”中受到教益。如父母不妨鼓励他们与年长于他的人对弈，训练他的骑车、游泳等基本技能。有条件的话还可以经常带他郊游、爬山、参观博物馆等活动。用这种“玩”的形式让孩子领略大自然的美景，增长见识，从而保证孩子在课余时间通过各种不同形式的“玩”使疲劳的大脑松弛下来，精神饱满地去迎接新的学习任务。

行为纠正及转变结果日记

任何不良行为的纠正与转变，都需要孩子不断地练习、努力以及父母的鼓励。

在孩子行为转变的过程中，可能每次只是前进一小步，但无论进步大小，父母都应该向孩子表示肯定与鼓励。每一种不良行为的纠正与转变，都有一个从被动到主动再到自动的过程，至少需要3周也就是21天的时间，因此千万不要轻言放弃，而应该坚持坚持再坚持。有道是“条条大路通罗马”，也许一种策略失败了，另外一种就能成功。请把孩子每周的表现记在下面的横线上，并且在《行为纠正与转变结果日记》上记录孩子每天的变化。

21天后，期待你的孩子带给你一个惊喜！

纠正与转变的目标行为：____________________

第1周（第1个7天）

____

____

____

第2周（第2个7天）

____

____

____

第 3 周（第 3 个 7 天）

行为纠正与转变结果

第 15 种行为：赖床

【问题描述】

孩子赖床，对身体有一定危害。首先是打乱生物钟节律，这样会导致精神不振，情绪低落。其次是影响胃肠道功能，到了该吃饭的时间而没有及时进食，使得腹中空空，易发生慢性胃炎、溃疡病等，也容易消化不良。再有就是影响肌肉的兴奋性。赖床的人的肌肉组织长时间处于松缓状态，肌肉修复差，代谢物未及时排除，起床后会感到腿酸软无力，腰部不适。此外，赖床也会影响孩子的记忆力，不利于学习。

李先生和太太每天早上为 4 岁女儿的起床问题伤透了脑筋。每天到该起床的时候，女儿总是不愿起来，他们急着要上班，天天早上就像打仗一样，大人、孩子都精疲力竭。

后来，他们对孩子观察了一段时间，了解孩子每天大概需要多少睡眠才足够。在保证孩子睡眠充足的基础上，询问她不愿起床的原因，然后他们严肃而耐心地告诉孩子，每天必须要及时起床上幼儿园，不得偷懒。同时还规定起床时间，每天在规定时间前10分钟叫醒她，告诉她今天有些什么有趣的事要做，并告诉她每赖床一次，就取消一次她喜欢的活动或不给她买她想要的东西。女儿及时起床了，他们就多表扬和鼓励她。一段时间下来，女儿赖床的问题就大有好转了。

父母对赖床的孩子要有耐心，使用适当的办法的话，孩子赖床的问题还是能够解决的。

【仔细想想】

时间到了，该起床了，可是孩子怎么叫都叫不起来，想必不少父母都为这样的问题伤脑筋。

孩子早上起不来，可能是前一天上床太晚，或者是睡眠不好，常作噩梦，虽然睡眠时间不短，实际睡眠并不足；有个别孩子的体质需较长的睡眠时间；还有的孩子不想上学、上幼儿园等。

“一日之计在于晨。”要让孩子明白这个道理，应该培养孩子“黎明即起”的良好生活习惯，即使是节假日也要保持正常的生活规律，按时睡觉，按时起床，这样才能使孩子保持朝气蓬勃，身心健康，对记忆力也有促进作用。

孩子赖床有以下原因：

1. 孩子在深睡期起床，一般都会导致孩子赖床。只有在浅睡期，才能清醒。

2. 睡得太晚。如果孩子头一天晚上睡得太晚，第二天自然就睡不醒，因而赖床。

3. 父母自己有赖床的习惯，孩子就会自然而然地去模仿。

4. 没有时间观念。有的孩子没有时间观念，办事磨蹭，自然就赖床。

【纠正方法】

第1步：拉开窗帘。每天早晨，在规定的孩子起床时间，拉开窗帘，让清晨耀眼的阳光照射房间，让屋内充满清新的空气，孩子的贪睡虫会很快被赶走。

第2步：开启音乐。可以试着播放轻快活泼的音乐，把音量放大到可叫醒孩子的程度，由外界的力量叫醒孩子。父母用手轻抚孩子的背腰部，再抚摸他的手和脸。在舒适的刺激中，孩子逐渐从浅睡状态自然地转换到静态觉醒状态，再转换到动态觉醒状态，这时就会睁开眼睛，活动身体。

第3步：准备早餐。事先为孩子准备香喷喷的早餐，诱发孩子起床的意愿。

第4步：坚守原则。该起床时就起床，杜绝任何理由，切不可为了平息孩子一时的哭闹、要赖而妥协。父母应经常告诉孩子“时间”的重要性，使其从小就拥有守时、定时的观念，认识到赖床的不好。孩子容易有赖床的习惯常归因于父母亲本身不良的生活习惯，父母自己应该养成良好的作息习惯，做孩子的好榜样。

第5步：适时鼓励。当孩子起床的时间固定下来，生物钟到时就会唤醒孩子，赖床的不良行为自然就会改掉。当孩子表现良好时，适当的物质或精神奖励，对孩子具有鼓舞作用。

第6步：承担后果。如果以上办法还不奏效的话，可以让孩子自己适当承担行为的后果：赖床的直接后果是来不及吃早餐——挨饿；匆忙漏掉要带的功课或课本；上学迟到——受到老师的责罚。

行为纠正及转变结果日记

任何不良行为的纠正与转变，都需要孩子不断地练习、努力以及父母的鼓励。

在孩子行为转变的过程中，可能每次只是前进一小步，但无论进步大小，父母都应该向孩子表示肯定与鼓励。每一种不良行为的纠正与转变，都有一个从被动到主动再到自动的过程，至少需要3周也就是21天的时间，因此千万不要轻言放弃，而应该坚持坚持再坚持。有道是“条条大路通罗马”，也许一种策略失败了，另外一种就能成功。请把孩子每周的表现记在下面的横线上，并且在《行为纠正与转变结果日记》上记录孩子每天的变化。

21天后，期待你的孩子带给你一个惊喜！

纠正与转变的目标行为：____________________

第1周（第1个7天）

____

____

____

第2周（第2个7天）

____

____

____

第3周（第3个7天）

行为纠正与转变结果

第16种行为：做事虎头蛇尾

【问题描述】

日常生活中，孩子做事虎头蛇尾，不能善始善终的很多。

蕊蕊兴趣广泛，对很多事情都有好奇心，但是就是做事虎头蛇尾，不能有始有终。比如她正画着画，突然就去看漫画书了，漫画书没看一会儿，又去干别的了。

蕊蕊这样的孩子并不少见。孩子做事往往从兴趣出发，但兴趣往往不能持久，容易受外界事物的影响。别人的交谈，做事过程中的障碍或困难等，都会使孩子扔掉正在做的事情。但做事专心致志、有始有终的能力是可以培养的，父母要关心和指导孩子做事。例如，安排好孩子画画以后，父母不要就此甩手不管，要时不时看孩子画画，加以肯定和指导，并提出新要求。

父母还应该掌握好对孩子做事的要求，如果要求他坚持某种活动的时间过长或过难，都会使孩子半途而废。总之，父母要舍得花一点业余时间用于教育孩子，如果能够和孩子一起做事，有意识地培养他有始有终的做事习惯，对他以后的学习、工作和生活将会大有好处。

【仔细想想】

孩子做事虎头蛇尾，不能善始善终，父母不可视而不见或迁就放任。

一般来说，做事不能有头有尾的孩子，往往心理比较脆弱，意志力较差，情绪不稳，注意力也不太集中和长久。

孩子做事虎头蛇尾的原因比较复杂，主要原因有这几种：

1. 父母在做一些事情的时候，也常有不善始善终的情况，孩子潜移默化之中受到影响。

2. 孩子的意志力比较差，不愿动脑筋，做事一遇到困难就容易打退堂鼓。

3. 父母要求不严，甚至包办代替，长期下来孩子独立完成一件事的能力没有得到培养。

4. 父母或老师对孩子的要求太高，孩子的实际能力无法达到，自信心受挫。

孩子做事不能贯彻始终、虎头蛇尾，不利于日后做事具有意志力和坚定性，而这两种品质是一个人在学习和生活中不可或缺的，因此父母应注意帮助孩子改正这种不良的行为习惯。

【纠正方法】

第 1 步：任务适度。如果任务过难，孩子尽最大能力仍不能完成，他就会伤心失望。如果一件事还不致于这样的话，那么接二连三的失败就很可能使孩子不愿再做事，导致信心丧失，以后做事也会畏难，容易半途而废。

第 2 步：指导监督。孩子做事的过程中，父母在关键时刻要给予指导和提示，以防孩子碰到解决不了的问题时就灰心丧气。当孩子有偷懒或依赖父母的迹象时，父母不可给予帮助，而应注意说服鼓励，必要时给予批评并监督孩子独立地做完某件事。

第 3 步：鼓励为主。如果孩子做事中途退缩，不想完成，父母切忌唠叨、打骂，更不要讽刺、挖苦，这样做很容易使孩子产生逆反心理，伤害孩子的自尊心。父母要对孩子好的行为及时予以鼓励、表扬，使孩子产生愉悦感和自信心，从而使孩子坚定坚持完成任务的决心。

第 4 步：学会自制。孩子年龄小，注意力不稳定、自控能力较差。父母要根据这些特点，从孩子的生活习惯入手，循序渐进地让孩子完成不同难度的任务。久而久之，孩子就会逐步地控制、约束自己的行为，去完整地做好每一件事情。

第 5 步：有始有终。孩子往往是凭兴趣做事，不爱干就半途而废。父母应故意把一些事情作为一个任务郑重地交给他。如家里养了小动物，让孩子给它喂食，并向他说明这是他每天必须完成的任务，否则小动物就会死去。孩子觉得自己有了一定的责任，会增强克服困难的勇气，通过自己的努力把事情做好，长期下来就会养成做事有始有终的习惯。

第 6 步：做好表率。父母首先要做事完整，不半途而废，还要经常提醒孩子注意父母做事是怎样坚持到底的。父母严格要求才能纠正孩子不良的习惯，也能巩固孩子一些好的行为。

行为纠正及转变结果日记

任何不良行为的纠正与转变，都需要孩子不断地练习、努力以及父母的鼓励。

在孩子行为转变的过程中，可能每次只是前进一小步，但无论进步大小，父母都应该向孩子表示肯定与鼓励。每一种不良行为的纠正与转变，都有一个从被动到主动再到自动的过程，至少需要3周也就是21天的时间，因此千万不要轻言放弃，而应该坚持坚持再坚持。有道是“条条大路通罗马”，也许一种策略失败了，另外一种就能成功。请把孩子每周的表现记在下面的横线上，并且在《行为纠正与转变结果日记》上记录孩子每天的变化。

21天后，期待你的孩子带给你一个惊喜！

纠正与转变的目标行为：________________________________

第1周（第1个7天）

____

____

____

第2周（第2个7天）

____

____

____

第3周（第3个7天）

行为纠正与转变结果

第17种行为：网瘾

【问题描述】

当下，互联网已经渗透到千家万户，渗透进我们的生活。根据工信部的统计，我国当前互联网用户已达8.57亿户。互联网在给我们带来方便的同时，也给一些孩子和家庭带来悲剧。

请看下面一组血淋淋的事实：

实例1：西安有一位15岁少年偷走家中5000元钱，从新学期报到时开始，一直泡在网吧打游戏。两个月后，当家人找到该少年时，他已经瘦得皮包骨头，其母对网吧不负责任的行为气愤不已。

少年的母亲袁女士讲，儿子汪某今年上初中三年级，学习成绩一般。8月5日新学期开学，家人给了汪某400元钱报到费，谁知汪某竟将家中的5000元钱偷走，一去不回。家人知道他痴迷网络游戏，就一直去各个网吧寻找。9月17日终于在一家网吧发现汪某，但汪某被带回家，只洗了个澡就再次失踪。夫妻俩和亲戚朋友在西安大大小小的网吧里寻找，但一点结果也没有。10月25日晚8时，一个也常泡网吧的少年说，在劳动路142号哈雷网络俱乐部见过汪某。他们随后去找，果然发现汪某正在那里上网，与他一起长期泡网吧的还有4名少年。他离家出走后，就一直泡在这里。饿了，多加上5元钱，网吧服务员会给他叫饭，累了就在网吧胡乱睡一会儿。他还结识了同样包月上网的4名少年。汪某说，他两年前开始上网，之后再也无心学习，现在他身上只剩下200元钱。

实例2：《人民日报》报道：青岛一名年仅11岁的小学生曹琳，在家中玩电脑时突然昏倒，经海军401医院及时救治方才脱险。当天上午，这位玩电脑已有两年历史、在学校有“小网虫”之称的学生独自在家玩起了游戏，两个多小时后，他的父亲从外面回来，喊了他一声，正玩得起劲的曹琳猛一回头，当即昏倒在地，其父随后把他送到海军401医院救治。拍片显示：曹琳的第三至第五颈椎小关节错位，且椎间隙变窄。据医生介绍，曹琳的疾病与玩电脑姿势不良、时间过长有关。

实例3：4月5日，在学生纷纷加紧复习迎考之际，南昌市豫章中学高三(4)班的一位叫余斌的17岁学生，却因沉迷网络游戏过度紧张、激动，猝死在南昌市船山路上的“辉荣网吧”。

据事发当时坐在余斌旁边的一个名叫熊凯的年轻人说，4月5日17时50分，他来到“辉荣网吧”，看见余斌坐在50号机子上玩游戏。几分钟后，他听到“砰”的一声，接着看见余斌往后倒在椅子上，两手不停地抖动，口喘粗气。大家急忙把他送往医院，医院急诊科检查后宣布为“临床死亡”。

余斌父亲是南昌市一家国有企业的职工。在他和妻子的眼里，儿子每天早上7点多离家“上学”，中午12点50分回家，1点15分“上学”，下午又按时回来。直到儿子猝死在网吧后，他才知道平时很听话的儿子，几个月来根本就没有去学校上课。他说，余斌虽然从小喜欢玩游戏机，但以前从不旷课。父母对儿子的管教是很严厉的，不但规定了儿子每天回家的时间，还为儿子配了寻呼机，放学后，利用回电话的地点来算儿子到家的时间，但万万没有想到儿子仍然在骗父母。余斌的父母在进行自责内疚的同时，悲愤地向社会发出了“三问”：

一问学校对学生的监管为什么如此粗放。据余斌的班主任称，余斌寒假补课就没有到校上过课。余斌的父母非常纳闷：为什么在几个月时间里，父母没有得到来自学校、老师的任何反馈信息。尤其是高考在即，学校老师对一个高三学生时常缺课不闻不问，这究竟是对升学无望的学生的故意放弃，还是老师工作不细?

二问网吧门口的“未成年人不得入内”的告示为什么形同虚设。余斌的父亲说：“余斌每天都是背着书包上网吧的，对一个背着书包连续几十天在上课时间到网吧上网的学生，如果网吧经营者有起码的良心，就应该从影响身体、影响学习的角度提醒他呀！整天泡在网上玩一些刺激的游戏，即使正常的成年人也会受不了呀！他们就赚得下这个黑心钱？”

三问青少年迷恋网吧的问题为什么得不到有效遏制。一些网吧至今还在沿用前两年游戏室“吃、喝、玩”一条龙服务的习惯，为上网者提供通宵、零食、睡觉、赊账等方便，让小孩子沉溺在血腥、暴力、恐怖的游戏当中。余斌父母对记者说：“网吧问题不治理好，会严重地影响下一代的健康成长。我儿子走了，但还有很多青少年至今还沉迷在网络游戏室里。”

【仔细想想】

网吧已成了孩子的“电子海洛因”，泡网吧比打游戏机的危害严重得多。网吧对孩子的负面影响，主要有四个方面：

1. 网吧成了青少年寻找精神寄托的场所，在现实中得不到满足，便在虚拟世界里沉沦。有的孩子从聊天发展到网恋，有的甚至利用网络行骗；

2. 网络成了青少年寻找刺激、猎奇的场所；

3. 网络成为青少年忘却生活烦恼的“防空洞”，生活不顺利，时间没法打发时，他们首先想到网吧，有的甚至通宵达旦沉迷其中；

4. 上网滋生青少年开支的“黑洞”，极易诱发犯罪。

【纠正方法】

第 1 步：签订“协议”。一些父母在孩子沉溺网吧难以自拔后，往往用打骂的方式，这样不但没有效果，反而引起孩子更多的反感。父母应该增强孩子的安全防范意识，防止他深陷其中难以自拔。不妨与孩子签订一个“君子协议”，如允许孩子去网吧，但父母要规定上网时间，孩子要告诉父母去哪个网吧，上网干什么，如果孩子违反了，就要受到减少上网时间的惩罚。

第 2 步：强制手段。对一些在网吧里玩网络游戏，聊天有如吸毒一样成瘾的孩子，应强制他们离开网络一段时间。如果孩子的网络成瘾症很严重，要带他们去心理医生那里寻求帮助。要了解孩子常去的网吧，教育孩子不要去非法网吧，黑网吧是是非最多的地方。

第 3 步：讲清危害。父母们一定要给孩子讲清危害，取得孩子们的配合，还应多陪着孩子参加一些健康有益的活动，克服对网络的依恋心理。

第 4 步：正确教导。父母要教育孩子遵守“游戏规则”，使孩子明白互联网是一种公共的信息通道，进入互联网必须遵守“交通规则”，既不能接收，也不能制作和传播违反社会行为准则的不良信息。

第 5 步：有奖有罚。当孩子没有去上网的时候，要及时给与表扬奖励。如果孩子控制不住自己，没有按协议控制上网时间，就要采取惩罚措施。

第 6 步：及时提醒。上网时不暴露家庭的有关信息。不要随意将父母的信用卡账号或网络账号告诉他人。除非征得父母的同意，否则千万不要在网络上留下真实姓名、电话、住址、父母的职业及就读的学校等基本资料。无论是网上下载的游戏还是买来的游戏软件，都要经过父母的审查。

行为纠正及转变结果日记

任何不良行为的纠正与转变，都需要孩子不断地练习、努力以及父母的鼓励。

在孩子行为转变的过程中，可能每次只是前进一小步，但无论进步大小，父母都应该向孩子表示肯定与鼓励。每一种不良行为的纠正与转变，都有一个从被动到主动再到自动的过程，至少需要 3 周也就是 21 天的时间，因此千万不要轻言放弃，而应该坚持坚持再坚持。有道是“条条大路通罗马”，也许一种策略失败了，另外一种就能成功。请把孩子每周的表现记在下面的横线上，并且在《行为纠正与转变结果日记》上记录孩子每天的变化。

21 天后，期待你的孩子带给你一个惊喜！

纠正与转变的目标行为：________________________

第 1 周（第 1 个 7 天）

第 2 周（第 2 个 7 天）

第 3 周（第 3 个 7 天）

行为纠正与转变结果

第 18 种行为：吸烟

【问题描述】

根据最近某权威机构的调查显示，目前我国中学生第一次吸烟的平均年龄是 10.7 岁，比二十世纪六七十年代早 2.3 岁。大约有 41.5% 的吸烟男生认为吸烟能体现“男子汉气概”“很时髦”“很酷”。

根据北京大学儿童青少年卫生研究所对天津和山东等省市的 200 所中学的 11957 名 13—15 岁的中学生进行的调查显示，20% 以上的初中生尝试过吸烟，其中 32.5% 的男生和 13% 的女生尝试过吸烟，总吸烟率为 22.5%。这些数据无疑是令人吃惊的！

有这样一个例子：

一天，邻居柳阿姨轻声地告诉刘惟一个坏消息："我昨天在体育场附近看到你儿子和另外两个男孩子在抽烟，不知你是否知道？"

"真的？谢谢李阿姨，我还真不知道。等他回来我一定好好问个明白。"

刘惟的儿子刘坚现在上高二，一直是个听话、学习努力的好孩子，不用刘惟两口子操太多的心。但邻居柳阿姨的提醒使夫妇俩不得不警觉。

"儿子，最近有人看到你抽烟，抽了多长时间？"刘惟单刀直入，没有给孩子说谎的机会。"老爸，不要太紧张，上周我和朋友只是试了试。看到有些人在抽烟，我们有点好奇。"儿子的回答也是直截了当。"儿子，你知道抽烟对身体有害，也浪费钱，更不是像你这样年龄的孩子应该模仿的。"没等爸爸说完刘坚就说："老爸，我只是试试而已，再说我也不喜欢。"

"如果你只是试一试，那就下不为例，我想告诉你，我和你妈不希望看到你再抽烟。"刘惟向儿子提出了要求。

资料显示：中国 3 亿多烟民中，10—19 岁的青少年约占 10%。每年产生的烟民中，10% 以上是青少年。

烟草中有 3000 多种有害物质，其中对人体危害最严重的有尼古丁、烟焦油和一氧化碳。尼古丁是使人吸烟成瘾的剧烈毒物，主要对人体的神经系统造成危害。一支香烟含有的尼古丁可以毒死一只小鼠。烟焦油是烟草燃烧产生的致癌和促癌物质，它可以诱发人体多部位的癌变。与吸烟有关的常见癌症有肺癌、喉癌、口腔癌、胃癌、膀胱癌等。一氧化碳是烟草燃烧产生的有毒气体，能对人体造成缺氧损害，心脏和大脑对此尤为敏感。

吸烟可以导致全身疾病。吸烟者患肺癌比不吸烟者高10%倍，喉癌发病率高6—10倍。除癌症外，吸烟可诱发全身各个系统的疾病。长期吸烟，还会影响容颜，使全身充满臭味，手指、牙齿被熏黄，面色灰暗、皮肤粗糙等。

孩子吸烟除了对其身心发育有害外，还影响其智力的发展，易导致多重不良行为的产生。吸烟的父母应当努力戒烟或尽量少吸烟。吸烟时请自觉远离孩子，给孩子留出清新的空间。对于青少年的吸烟行为，父母要防微杜渐，防范于未然，帮助孩子应付同伴的吸烟压力，拒绝递过来的“第一支烟”。

【仔细想想】

现在，青少年吸烟已经成为一个比较严重的社会问题。有的孩子10岁就开始吸烟。为什么不少青少年会吸烟呢？大致有以下几个原因：

1. 盲目模仿，相互感染。十二三岁到十七八岁的青少年的社会化方式首先是模仿。但由于识别能力有限，他们便在不辨真假、善恶的情况下去追求“新、奇、特”，模仿影视作品中自己所崇拜偶像的一举一动，认为这样才算潇洒。在这些群体中，一旦有人率先吸烟，就会产生暗示，谁不吸就显得“不入流”，结果相互影响，便逐渐形成了不良的吸烟习惯。

2. 好奇心强，寻求刺激。进入青春期后，许多少年人产生了强烈的长大成人的欲望，特别喜欢做成年人所做的事。许多家长或许不经意间流露出“成年才可以吸烟”的观念，这就在一定程度上促使孩子认为“吸烟是走向成年的标志”，因此便模仿成人吸烟。青少年对成年人的活动有较强的好奇心，他们想亲身体验一下吸烟的感觉，由于自我控制能力不强，慢慢地便上了瘾。

3. 虚荣。有的女生认为吸烟的男生比较成熟，不少男生为赢得女生的好感而吸烟。为了满足吸烟“时髦”的虚荣心。“饭后一支烟，快活似神仙。”“不抽烟，不喝酒，死了不如一条狗。”许多孩子笃信这些庸俗的社会流言。同时，一些孩子认为吸烟很潇洒，不吸烟就跟不上潮流。一些女生还认为：“男生抽烟的姿势很酷，看上去很成熟，有魅力。”一些男生就是为了赶这种时髦，或者说是为了赢得女生的青睐而开始吸烟的。

4. 借烟消愁。孩子涉世不深、社会经验不足，但又对社会期望值较高。面对纷繁复杂的世界，难免遭受各种挫折，心理失衡，在心理受挫时便用吸烟来纾解苦闷。

5. 对烟存在错误认识。有的孩子认为抽烟能提神、消除疲劳，因而在学习紧张或思考难题时吸烟。

6. 错误的心理需要。青少年中有些人往往错误地认为吸烟是“大人”的标志，因而学着吸烟来表现自己长大成人了，可以与成人平等，并在其他同伴面前显示自己的老练与超群。

青少年正处在身心发育时期，身体各器官对烟草中的有害物质极为敏感，吸烟给他们的心理、生理带来的不良后果要比成人严重得多。在正确引导和教育孩子的同时，父母要以身作则，自己先戒烟，再教育孩子不吸烟。只有这样，才能为孩子创造一个健康、清新的环境，真正解决孩子吸烟的问题。

【纠正方法】

第 1 步：及时制止。如果发现孩子抽烟，父母有责任指出抽烟的危害，告诉孩子，香烟中含有多种有害物质，对身体破坏很大，会使记忆能力和学习能力受到损害，影响智力的发展，并及时制止这种行为。

第2步：模仿好奇。出于好奇，青少年开始实验做一些不同的事。如果父母和孩子的交流通道非常畅通，父母可能有机会和孩子一同走过这个试验阶段，从中给孩子提供一些帮助。对于孩子的一些试验性行为，父母最好能及时发现，但不要兴师动众，也不必太紧张，正如案例中刘坚给爸爸指出的“老爸，不要太紧张”。

第3步：分析原因。孩子抽烟的动机是多方面的，父母要摸清孩子抽烟的原因，然后对症下药地加以劝阻、引导。如有的孩子模仿成人吸烟，认为是成熟的标志。要帮助孩子认识到抽烟并不是成人的标志，多数大人是不抽烟的。同时耐心开导，帮助他们树立戒烟的决心，最重要的是让孩子自身形成戒烟的需要和动机。

第4步：转移目标。每当孩子犯烟瘾，总是借口出去或上厕所，这时可以邀他一起散步，或谈谈他感兴趣的东西，或跟他一起看电视、听音乐，或给他吃一些他喜欢的食品，借此分散、转移孩子想抽烟的念头，长期下去逐渐淡化他的抽烟念头，直到把烟戒掉。

第5步：家校配合。有的孩子认为同学见面递上一支烟显得有交情，如果自己不抽，显得不够朋友。因此，要设法使孩子和烟友隔离一段时间，要取得老师的配合和支持。这样坚持数月，戒烟就可能获得成功。另外，也可去戒烟门诊治疗。烟瘾较大的孩子，综合运用上述方法，再加上去医院的戒烟门诊治疗，效果会更好。

第6步：集中精力。让孩子意识到，成长是一个过程，每一个人都有将来长大成人的那一天。吸烟并不是走向成年的标志，多数成年人并不吸烟。而且，真正的成熟体现在心智的健全和通达。孩子染上了吸烟的坏习惯，这就很明显地表现出的注意力并没有完全集中在学习上。凡是学习用功的孩子，他们根本没有时间过多关注学习以外的事情。要让孩子戒烟，关键在于让孩子明白，在现阶段主要任务是学习，不应该为别的事情而过多分心。

行为纠正及转变结果日记

任何不良行为的纠正与转变，都需要孩子不断地练习、努力以及父母的鼓励。

在孩子行为转变的过程中，可能每次只是前进一小步，但无论进步大小，父母都应该向孩子表示肯定与鼓励。每一种不良行为的纠正与转变，都有一个从被动到主动再到自动的过程，至少需要 3 周也就是 21 天的时间，因此千万不要轻言放弃，而应该坚持坚持再坚持。有道是“条条大路通罗马”，也许一种策略失败了，另外一种就能成功。请把孩子每周的表现记在下面的横线上，并且在《行为纠正与转变结果日记》上记录孩子每天的变化。

21 天后，期待你的孩子带给你一个惊喜！

纠正与转变的目标行为：________________________

第 1 周（第 1 个 7 天）

____

____

____

第 2 周（第 2 个 7 天）

第3周（第3个7天）

行为纠正与转变结果

第19种行为：电视迷

【问题描述】

看电视已经成为孩子生活中的重要内容。到底孩子该不该看电视，看多长时间，看什么节目呢？

5岁的小文，在电视机前一坐就是半天，对其他任何事情都不感兴趣。久而久之，他孤独、怕羞，见外人不敢抬头，不和其他孩子玩耍、做游戏，连游乐场都不愿意去。显然，小文患上了“电视孤独症”。

近年来，有资料表明：随着电视的普及，儿童“电视孤独症”患者有所增加，多见于3—7岁的儿童。患有这样症状的孩子，即使后来经过良好的教育，将来仍会有相当一部分人不能很好地适应社会。

患“电视孤独症”的孩子常常表现为：长时间地看电视，否则就会焦虑不安，不关心周围事物，对玩具不感兴趣，也不喜欢接触小朋友。看电视时不让别人打扰，经常模仿电视中人物的动作、语言，能将电视节目中的故事情节背得滚瓜烂熟，有的还自言自语等。

孩子之所以会这样，是由于他们思维能力较差，行为模仿性较强，过多地看电视，大量的电视信息深深地渗透到他们的性格和行为之中，往往是看电视越多的儿童受到的影响越大。

这样的孩子性格孤僻，缺乏生活经验，缺乏学习能力，缺乏应对环境的能力，不能适应社会，情绪易波动。由于缺乏学习能力，因此积累不了生活经验，不会处理日常生活，不会与他人交往，不知道如何对待周围的事物，没有适应社会的能力，长大后很容易成为心理不健全的人。

【仔细想想】

爱看电视，似乎是孩子的天性。现在有些孩子放学回家后大多时间就是看电视。当然，电视在一定程度上可以有效地使孩子获得最广泛的信息和最现成的经验，可以教他们认知，训练他们的思维和注意力。

但如果孩子长期与电视为伴，父母不注意正确引导，会给孩子的成长带来影响。其中最明显的是它可能使孩子丧失主动思维的能力，在认知的学习过程中他们可能变得非常被动，不爱动脑筋，这十分不利于孩子将来抽象思维的发展。

还有，有些孩子宁愿守在电视旁看那些并不适合他们的节目，也不愿出去和小朋友玩耍，即出现所谓的“电视孤独症”。有的孩子还可能由于长时间地看电视，出现头痛、眼痛、眩晕、视力下降、肥胖等问题。另外，长时间看电视，使孩子减少了和其他人的语言交流，这会影响孩子的语言发展和表达能力。

客观地说，孩子紧盯电视不放的坏毛病，是长时间以来呆板的生活模式所造成的结果，绝对不是用口头禁止、威胁就能把这个习性给扭转过来的，通常要运用“转移注意力”的方法来终止孩子对电视的长久观看，并以“提高兴趣”的策略让孩子多接触其他活动。当孩子感受到还有比看电视更有趣的事情时，才有可能将专注于电视的眼光移开。

【纠正方法】

第 1 步：控制时间。尤其是学龄前儿童，每天看电视的时间最好不超过 0.5–1 小时。周五、周六晚上可以看两个小时。

第 2 步：转移兴趣。丰富孩子课后的返家活动，户外休闲运动、课后学习等都很适合替代这段时光，只要父母肯花心思去安排，绝对能有效转移孩子对电视的兴趣。

第 3 步：分析原因。告诉孩子，久看电视，对视网膜、听觉的发育会造成不良影响。

第 4 步：以身作则。要求孩子少看电视，父母自己也要尽可能少看电视。

第 5 步：做好引导。孩子看电视时，父母至少一人陪伴，引导孩子看一些健康的节目。

第 6 步：活动代替。要引导孩子，电视节目虽好看，但读书更能增加知识和信息。对于肥胖的孩子，最应该减少看电视时间。允许他最多每天看电视 1 小时，当然最好能暂时停止看电视。用体育运动代替看电视，如跑步、跳绳等，如果父母能和儿童一起进行锻炼则更好。

行为纠正及转变结果日记

任何不良行为的纠正与转变，都需要孩子不断地练习、努力以及父母的鼓励。

在孩子行为转变的过程中，可能每次只是前进一小步，但无论进步大小，父母都应该向孩子表示肯定与鼓励。每一种不良行为的纠正与转变，都有一个从被动到主动再到自动的过程，至少需要 3 周也就是 21 天的时间，因此千万不要轻言放弃，而应该坚持坚持再坚持。有道是“条条大路通罗马”，也许一种策略失败了，另外一种就能成功。请把孩子每周的表现记在下面的横线上，并且在《行为纠正与转变结果日记》上记录孩子每天的变化。

21 天后，期待你的孩子带给你一个惊喜！

纠正与转变的目标行为：________________________

第 1 周（第 1 个 7 天）

____

____

____

第 2 周（第 2 个 7 天）

____

____

____

第3周（第3个7天）

行为纠正与转变结果

第20种行为：手机控

【问题描述】

过去，孩子的礼物大多是玩具、衣服、旅游。如今，手机却成为很多孩子的最爱，而青少年“手机控”也屡见不鲜。

手机越来越向智能化发展，也越来越好玩，它占据人们越来越多时间，渗透进你我的生活。到处都能看到有人在智能手机上发微博、发微信、打游戏、看小说……不单是成人，还有很多孩子，成了十足的“手机控”。面对孩子的“手机情结”，很多父母无奈又烦躁。

有的父母对此忧心忡忡。不给孩子使用智能手机，担心孩子被封闭在信息孤岛；给孩子使用智能手机，又担心孩子迷失在信息海洋。对于那些痴迷于手机上网的学生，老师的阶段性没收和父母的掐断上网功能等惩罚手段，均纷纷宣告失败。

有一个4岁的小男孩叫林维，别看年龄小，玩手机玩得已经格外熟练。熟练滑动解锁屏幕，下载并打开游戏应用……4岁的小男孩林维，如今已是手机游戏的“资深玩家”。“他现在不喜欢和小伙伴玩，一玩手机就是一个钟头，如果不给他玩，他就哭闹不止。手机是他的保姆和玩伴。”林维的姥姥无奈地说。

一个4岁的男孩尚且如此，可以想象，大一点的孩子更不用说了。

有一位初中孩子的母亲说：

这个学期，我们给孩子配了一部智能手机，为的是方便联系孩子。可我现在特别懊悔：就不该为孩子配备手机！开学一个多月来，儿子的心思好像都在手机上，只要在家，就能看到他不时把手机翻来覆去地摆弄。

每天起床，儿子第一件事是拿起手机；每天睡前，儿子最后一件事是放下手机；平时，若一段时间手机没动静，一定能看到他不时地查看手机。更让人看着心烦的是，儿子边看电视也要边玩手机，就连上卫生间也把手机带在身边。在卫生间里，他会蹲上半天不出来——这“臭小子”不是在用手机玩游戏就是在用手机刷微博。

在刚刚过去的这个国庆长假里，儿子更是机不离身。那天，我们一家人自驾车回老家，旅途四个小时，虽然车上颠簸不断，但儿子还是盯着手机屏幕玩游戏，在我的不断提醒和制止下，他才很不情愿地收起了手机。

反正，儿子着了手机的“魔”！自从买了手机，手机就成了儿子随身携带的一个“玩具”，有时他的同学来家里玩，他们说的好像也都是手机里的什么游戏。

其实，上小学五六年级的时候，儿子就提出了买手机的要求。那时候我们觉得孩子太小，再加上我们家离学校不过10分钟的步行路程，联系起来也比较方便，所以我们没有答应儿子的要求。

上初中，儿子被电脑派位到了一所离家较远的学校，尽管儿子也曾念叨说班上很多同学都配手机了，但我们总是担心儿子的自制力不够，担心因为手机导致他学习上分心。所以，一直到了这个学期开学前，我们才决定满足孩子的要求。毕竟，校园里的手机很普及了，同时，有了手机联系起孩子来的确也更方便。

在配备手机前，我们也与孩子“约法三章”。可是，孩子却没有我们期待的那样自律。现在，我不仅担心儿子因为手机辐射伤害身体和影响视力、担心儿子老是低头摆弄手机影响关节和脊椎生长，而且还担心儿子对手机产生像“网瘾”一样的依赖。同时，我还担心因为手机依赖影响儿子的心理健康和与同学之间的正常交往。

控，取 complex(情结)的开头音，是指极度喜欢某东西的人。现代社会流行各种“控”，尤其是年轻人，从美食到时尚到玩偶到明星，无所不能“控”。在种种“控”背后，其实都是一种成瘾心理在作祟。从上面这位母亲的描述中，我们可以看出，她的儿子确实对手机过度依赖，是个典型的“手机控”。

随着智能手机的普及，越来越多的孩子成为“手机控”。2014 年 4 月初，共青团广州市委员会、广州市少年宫联合国内十五个城市发布了《媒介与儿童——2013 中国青少年儿童媒介素养状况调研报告》。报告显示，在全国儿童家庭中，普及率最高的是手机(97.8%)：44.5% 的儿童拥有自己的手机；84.8% 的孩子明确表示自己拥有 QQ；90.1% 的孩子接触过网络游戏，其中 42% 的孩子每月均为网游付费。

随着智能手机使用者的低龄化，越来越多的孩子可以随时享受到科技红利。然而，沉迷于手机游戏，不加甄别地下载含有不良内容的小说、图片，被不法分子和不健康软件诱惑，生活“脱轨”的案例时有发生。

有位老师忧心忡忡地说：班上 40 个孩子，近一半孩子配有手机。很多孩子上课时不认真听讲，偷偷用手机玩游戏。“有的孩子用手机浏览到色情、暴力等‘刺激’内容时，还会截屏保存，私下里传阅分享。”

“我们班有70名同学，其中有65名同学都在用智能手机。他们主要在课间用、中午用、放学后用。但有些同学上课时也在用，尤其是非主科或对该科目不感兴趣时。”陈老师是重庆渝北区某小学的六年级班主任，她一直因无法阻止学生上课玩手机而烦恼。

不少父母也是煞费苦心。重庆郑女士说：“我先是给他掐断了手机上网功能，结果过了一段时间发现他又开始上网了，原来孩子打电话给营业厅开通了上网功能。后来，我干脆给他换了手机号码，现在必须用我的身份证才能开通网络。”

【仔细想想】

手机浏览网页、下载应用和书籍时，缺乏相应的“守门人”，导致很多涉黄、暴力的内容都会被孩子看到。孩子好奇心强，人生观、世界观不成熟，受到不良内容的影响和教唆容易“跑偏”。

孩子的视力、手机辐射、骨骼发育、迷恋虚拟世界、脱离现实的人际交往……一系列的担心使原本出于好意的手机，成为很多父母的梦魇。

《媒介与儿童——2013中国青少年儿童媒介素养状况调研报告》指出，“移动终端+移动网络+APP=更容易沉迷网络”，而“苹果手机和平板电脑”为代表的新媒体，让当代儿童成了不同与电视一代、电脑一代的“苹果世代”。

分析“手机控”产生的原因，应该是多方面。但我以为，最重要的有以下几点：

从心理学角度看，这和人的个性特征有关。生活和学习工作中经常受挫、自信不足、兴趣缺乏、内心空虚、人际交往能力较差的人，容易成为“控一族”。相反，在工作和学习中能充分获得成就感、兴趣广泛、内心充实、人际交往顺利的人则不易为手机这样的身外之物所影响。

有的孩子正处在青春期，这个时期的孩子心理变化最激烈，和父母的沟通交流变少，而转向寻求同伴的认同，并且对家庭和学校以外的世界有强烈的好奇心。而手机恰恰满足了这种心理需求。尤其是许多不擅长和同伴面对面交流的孩子，通过手机短信、QQ、微博等延时交流工具，可以更顺利地表达自己的想法，达成一种获得广泛交流和认同的心理假象，在获得现实生活中无法获得的满足感的同时，难免过度沉迷其中。

手机和其他多媒体工具像一个气泡把我们包裹起来，让所有的注意力都集中在小小的屏幕上。经常使用手机的青少年不但缺乏和周围人的沟通，对父母的要求也更为叛逆。这一层气泡隔绝了“自我”和外界的关联，让人变得更加孤独甚至对生活失去兴趣，懒散、消沉。同时，心理学家还发现，手机等多媒体工具会让人们陷入一种持续的“多任务”状态，长此以往会让人出现“注意力障碍”，很容易因为外界的干扰而分神，没办法集中注意力做深度的思考，这对以学习为主业的孩子而言，影响尤其明显。

再就是父母的负面“榜样”。“爸爸可以玩手机，我为什么不可以？”33 岁的“奶爸”刘伟告诉笔者，有一次他玩手机游戏时，7 岁儿子的发问令他面红耳赤。“很多时候父母只顾着指责和约束孩子，却忘记自己要以身作则。”我们时常可以看到，聚会时掏出手机刷屏或玩游戏，几乎成为大人们的固定动作。父母是孩子的第一任老师，父母都是“手机控”，孩子怎能不跟着学？

【纠正方法】

第 1 步：严加约束。孩子毕竟是孩子，自觉性和自控力都无法和成人相比。因此，在戒除手机成瘾的过程中，父母的帮助是不可缺少的。父母要和孩子约法三章，什么时候可以用手机、什么时候不行、如果孩子违反规定应该受到什么惩罚、做好了又有什么奖励，赏罚一定要分明，执行要坚定。如果孩子的自制力实在是不行的话，帮孩子换个传说中的“老人手机”也未尝不可。尤其是学龄前儿童，每天玩手机的时间最好不超过 0.5—1 小时。在稳定控制的前提下，逐步减少玩手机的时间，直到可以自我控制。

第 2 步：转移兴趣。丰富孩子课后的返家活动，户外休闲运动、课后学习等都很适合替代这段时光，只要父母肯花心思去安排，绝对能有效转移孩子对电视的兴趣。

第 3 步：分析危害。要改变沉迷手机的现状，必须让孩子认识到“控”手机的危害，并产生想要改变的愿望，这是戒除任何成瘾行为最根本也是最基本的条件。父母要通过平和的沟通，摆事实讲道理，和孩子达成共识。不要情绪过激，也不要危言耸听，否则很容易引发孩子的逆反心理，造成反效果。相对于其他成瘾行为，手机成瘾只要能够认识到其中的危害，并能得到身边人的帮助和支持，还是比较容易戒除的。另外，也要告诉孩子，进行电子娱乐时，画面明暗的变化会加剧瞳孔的急剧放大、收缩，增加疲劳度，而显示屏的短波蓝光也会加大眼底刺激，造成眼部持续疲劳。过早使用成人款手机，不仅辐射影响儿童的生理发育，心理上也无法承受和消化成人信息内容。

第 4 步：以身作则。 父母和孩子应站在同一战壕，以身作则地树立正向榜样，教会孩子科学合理使用手机，不被其所‘控’。父母帮助孩子‘戒手机’时应注意疏堵结合，以免造成孩子的逆反心理。

第 5 步：注重引导。孩子长时间和机器相处，缺乏与他人的沟通交流，对合作、竞争意识以及表达、抗压能力等的培养和形成不利。孩子沉迷手机表达想法，获得认同假象，却离现实中的亲子交流越来越远。孩子玩手机时，父母至少一人陪伴，引导好孩子。

第6步：分散注意力。父母有责任帮助孩子发现和培养各种积极健康的兴趣爱好，尤其要鼓励孩子参加一些可以和同龄人良性互动的团体活动，这是最根本最有效的途径。要引导孩子，手机虽好玩，但外面的世界更精彩，可以带孩子到科技馆、图书馆，增加知识和信息；也可以爬山、看电影，让孩子从手机中“解放”出来。

行为纠正及转变结果日记

任何不良行为的纠正与转变，都需要孩子不断地练习、努力以及父母的鼓励。

在孩子行为转变的过程中，可能每次只是前进一小步，但无论进步大小，父母都应该向孩子表示肯定与鼓励。每一种不良行为的纠正与转变，都有一个从被动到主动再到自动的过程，至少需要3周也就是21天的时间，因此千万不要轻言放弃，而应该坚持坚持再坚持。有道是“条条大路通罗马”，也许一种策略失败了，另外一种就能成功。请把孩子每周的表现记在下面的横线上，并且在《行为纠正与转变结果日记》上记录孩子每天的变化。

21天后，期待你的孩子带给你一个惊喜！

纠正与转变的目标行为：____________________

第1周（第1个7天）

____

____

第2周（第2个7天）

第3周（第3个7天）

行为纠正与转变结果

第21种行为：不讲卫生

【问题描述】

清洁卫生直接关系到孩子的身心健康。

6岁的小柯平时不太讲究卫生，经常是手还没洗就抓东西吃。父母说过很多次，而他往往是这次改了，下次又忘了。后来他因此拉了几天的肚子。父母利用这个“难得”的机会，给他分析了他拉肚子的原因，说如果以后他还是不注意卫生的话，还是会继续拉肚子。小柯怕了，以后再也不敢不讲卫生了。

幼儿期是习惯养成的重要时期，此时培养良好的卫生习惯会收到事半功倍的效果。孩子的好奇心强，常常摸摸这个，动动那个，对身边的一切都很感兴趣。尤其喜欢捡地上的小纸片、小木棍，喜欢玩沙土，这样一来，小手时常弄得很脏。如果用脏手揉眼睛，易引起眼睛感染；用脏手拿东西吃，易造成腹泻或肠寄生虫病。因此要培养孩子饭前便后洗手，从外面玩回来洗手，弄脏手后随时洗，不用手或衣袖擦鼻涕，还要教会他用手绢儿擦鼻涕和眼泪。

脸虽不像手那么容易弄脏，但至少每天早起、晚睡前各洗 1 次。洗脸的水温要适宜，洗脸时手要轻柔，使孩子感到很舒服，这样一般孩子会愿意洗脸。洗脸时避免把水或肥皂溅到孩子的眼、鼻中，以免使孩子对洗脸产生恐惧或反感。

父母要抓住时机培养孩子讲究卫生的良好习惯，让他知道邋遢会带来的后果，悉心教育，动之以情，晓之以理，让孩子自觉地养成良好的卫生习惯。

【仔细想想】

有些孩子不太注重个人的清洁，没有养成良好的卫生习惯，这会使很多病菌有机可乘，不利于身体健康。与别人相处的时候，若没有良好的卫生习惯，他也不受欢迎。所以说孩子不注重个人清洁，对其身心发展都是极为不利的。

孩子不注重个人清洁，一般由以下几方面的原因引起：

1. 教育方面的原因。这类孩子一般未受到良好的卫生行为指导，没能养成良好的卫生习惯。有的父母工作较忙，没时间教育或照料孩子。

2. 环境方面的原因。孩子生活的环境较差，父母及周围的人群中缺乏卫生知识，卫生意识淡漠。这种情况在农村特别是一些经济落后的地区较为普遍。

3. 疾病方面的原因。如有的疾病引起孩子经常流口水、流鼻涕，有的甚至大小便失禁等。

养成良好的卫生习惯，有益于孩子身心的健康发育，可减少皮肤病、寄生虫病、胃肠道疾病的发生。良好的卫生习惯的培养应循序渐进，坚持不懈，不能让孩子因“特殊”情况破坏已养成的习惯，更不能让他“三天打鱼两天晒网”。

【纠正方法】

第 1 步：指出危害。要给孩子讲清不讲卫生的危害，引起孩子重视。

第 2 步：制定规矩。比如不洗澡不能睡觉，不刷牙不能吃早点，不洗手不准吃饭。孩子犯了规，用不着责骂，请他依照规矩的约定而行就可以了。

第 3 步：做好榜样。孩子不爱清洁的原因，可能是父母没有给予足够的照顾，或父母本身的卫生习惯也没有做足。所以，父母本身要爱清洁，给孩子一个清洁卫生的居住环境，把孩子收拾得干干净净的。

第 4 步：培养习惯。教育和帮助孩子养成良好的卫生习惯，饭前便后要洗手，衣服、鞋袜等要勤于换洗并尽量保持整洁，勤剪指甲等。

第 5 步：引导教育。进行适当的卫生知识教育，让孩子懂得不讲卫生所造成的危害，让他了解不刷牙、不洗手便吃饭的后果，可借助书本图片，解释牙痛、细菌等情况，告诉他如果不注意个人卫生，后果就是忍受牙痛及其它疾病的痛苦，父母也帮不上他的忙。

第 6 步：注重养成。让孩子做一些力所能及的事。如让孩子自己洗一些小衣物、小手帕等，让孩子体会到劳动的辛苦，养成保持衣服整洁的习惯。

行为纠正及转变结果日记

任何不良行为的纠正与转变，都需要孩子不断地练习、努力以及父母的鼓励。

在孩子行为转变的过程中，可能每次只是前进一小步，但无论进步大小，父母都应该向孩子表示肯定与鼓励。每一种不良行为的纠正与转变，都有一个从被动到主动再到自动的过程，至少需要 3 周也就是 21 天的时间，因此千万不要轻言放弃，而应该坚持坚持再坚持。有道是“条条大路通罗马”，也许一种策略失败了，另外一种就能成功。请把孩子每周的表现记在下面的横线上，并且在《行为纠正与转变结果日记》上记录孩子每天的变化。

21 天后，期待你的孩子带给你一个惊喜！

纠正与转变的目标行为：____________________

第 1 周（第 1 个 7 天）

____

____

____

第 2 周（第 2 个 7 天）

第3周（第3个7天）

行为纠正与转变结果

第22种行为：用餐不文明

【问题描述】

在餐桌上，时常可以看到这样的镜头：有的孩子旁若无人地拿着筷子在盘子里翻来翻去，有的举着筷子在桌上的菜盘里来回挑选，好像不知要从哪儿下筷。调查发现，吃饭时对身边的人熟视无睹，一双筷子对满桌饭菜挑来拣去的现象在许多孩子身上都存在。

在餐桌上，不文明现象远不止这些。比如拿筷子敲饭盆，吃饭时把筷子、勺子含在嘴里，把喜欢吃的菜摆在自己面前，用一根筷子去插盘子里的菜，帮别人夹菜不用公用筷等，都是餐桌上的不文明行为。这些发生在餐桌上的细节，反映出孩子是否受到良好的家庭教育。

一天，小明的爸妈请朋友来家里做客。席间，5 岁的小明表现得异乎寻常地“粗野”。饭菜还没端上桌，小明就早早地坐在餐桌旁闹腾开了。

“妈，怎么还没做好呀，我都快饿死了！”小明一边旁若无人地嚷嚷，一边用力敲打着桌子和椅子。

饭菜刚端上桌，小明的精彩演出就开始了。他不让大人帮他夹菜，自己跪在椅子上吃力地伸手夹菜，袖子不时地从菜上拖过去。而且，他一不小心，还把自己的饭碗打翻在了地上。小明的爸妈对他只是象征性地制止了一下，小明不但没收敛，反而越发放肆，索性放下筷子，用手抓够不着的菜。明明嘴巴里塞得满满的，可小明还不停地嚷嚷，唾沫乱飞不说，一不小心打了几个喷嚏，喷得满桌子都是饭菜渣儿。桌上的几个客人见到这种情形，都无可奈何地皱起了眉头，那顿饭大家吃得都有些索然寡味。事后，几个朋友私下议论：“这孩子太没规矩了，缺少必要的教养！”

【仔细想想】

孩子养成不良的用餐习惯，主要有以下一些原因：父母不重视对孩子这方面人格修养的培养；孩子在餐桌上想引起大人的注意，故意胡作非为；父母进食的习惯就不好，比如吃饭时爱大声说话等。

如果孩子不懂得用餐礼仪，尤其是在一些重要场合，的确是一件令别人厌烦、令父母尴尬的事。所以，从小纠正孩子用餐的坏习惯，培养孩子的用餐礼仪，的确是家庭教育中的重要课程之一。

在英国的家庭教育中，“把餐桌当成课堂”，已经成为了一种传统。自从孩子开始上餐桌就餐，父母便开始对其进行严格的“进餐教育”，其中包括鼓励孩子自己进餐和学习用餐礼仪。通常孩子在 1 岁到 1 岁半的时候，就开始喜欢自己动手做很多事情。例如，吃饭、喝汤等。

英国的大部分父母认为，一旦孩子愿意自己用餐了，便是人格开始趋于独立的一种标志。这时候，父母完全应该给他（她）们大力的支持。在英国，孩子开始有步骤地学习用餐礼仪一般是在两岁左右；到了 4 岁，用餐的所有礼仪就基本都掌握了。

【纠正方法】

第 1 步：及时制止。孩子在餐桌有不良行为时，应及时制止，或者让他离开餐桌一会。

第 2 步：做好示范。父母的言行举止、各种习惯是影响孩子的最根本因素，要想孩子改正不良习惯，形成良好的饮食习惯，必须从自己做起，给孩子树立一个好榜样。

第 3 步：立下规矩。要告诉孩子：当与许多人一起用餐时，切不能只知道自己吃自己的，一定要谦让；切忌不能用手玩饭团，吃饭时要量力而行，最好是能把自己碗里的饭吃完；喝汤时不要过急，不要发出呼噜呼噜的声响；不要把吃不完的东西放回菜盘里；不要在菜盘里挑来挑去；更不可用筷头剔牙齿。在用餐的时候，孩子经常会出现食物塞到牙缝、筷子不小心掉到地上，或在饭菜中见到异物等情况，父母都应该一一教会孩子怎样处理这些问题。

第 4 步：分析原因。制止如不听，可具体分析一下原因。比如，累了，饿了，大人冷落他了？还是与别的孩子闹矛盾了？

第 5 步：适度惩罚。如果制止没有停下来，可采取惩罚的办法。比如，取消一次活动，关“禁闭”等。

第 6 步：及时鼓励。当孩子表现好时，应及时鼓励表扬，让他知道文明用餐是一种良好的行为。

行为纠正及转变结果日记

任何不良行为的纠正与转变，都需要孩子不断地练习、努力以及父母的鼓励。

在孩子行为转变的过程中，可能每次只是前进一小步，但无论进步大小，父母都应该向孩子表示肯定与鼓励。每一种不良行为的纠正与转变，都有一个从被动到主动再到自动的过程，至少需要3周也就是21天的时间，因此千万不要轻言放弃，而应该坚持坚持再坚持。有道是"条条大路通罗马"，也许一种策略失败了，另外一种就能成功。请把孩子每周的表现记在下面的横线上，并且在《行为纠正与转变结果日记》上记录孩子每天的变化。

21天后，期待你的孩子带给你一个惊喜！

纠正与转变的目标行为：________________

第1周（第1个7天）

____

____

____

第2周（第2个7天）

____

____

____

第3周（第3个7天）

行为纠正与转变结果

第23种行为：迷恋电子游戏

【问题描述】

英国诺丁汉大学心理学专家麦克·格里弗斯博士认为："过分迷恋上网有损身心健康，严重的会导致心理变态，危害程度不亚于酗酒和吸毒。"

电子游戏、电脑、网络问世后，就让孩子爱不释手，终日在屏幕前玩耍。很多父母都为此感到烦恼，纷纷限制孩子打游戏的时间，为此产生大量亲子矛盾。孩子在家玩不成就溜出去上网吧，或者偷偷用手机继续上网玩。

11岁的凯凯成绩一向不错，但最近却一落千丈。父母发现，原来他是将时间和精力花在了玩电子游戏上。而且如果稍加阻拦，他就会大闹，不再像以前那样乖巧听话了。

像凯凯这样的孩子，想必有不少。孩子迷恋电子游戏，影响学习，变得不听话，让父母很烦恼。电子游戏有诸多害处：

首先，在玩游戏时，孩子被游戏发出的信号所左右，这对孩子的智力发展和动手能力的发展毫无益处。

其次，现在许多电子游戏有色情与暴力内容，儿童不宜。大众场合的电子游戏厅多有赌博嫌疑，孩子也不宜涉足。

再次，迷恋电子游戏会影响孩子的身心健康。迷恋电子游戏可能导致儿童神经紊乱症，引起癫痫，引起眼睛疲劳，造成近视。经常玩电子游戏的人容易喜怒无常、身体无力、精神萎靡不振。

此外，随着科技的发展，电子游戏的种类呈现多样化，电脑网络游戏更是吸引了众多孩子。很多父母给孩子买电脑是为了让他学有用的电脑知识，而孩子却迷恋上了游戏，事与愿违。让孩子完全拒绝电脑，这是不现实的。只要教育引导得好，电脑完全可以成为孩子学习的有力帮手。因此，怎样教育引导，使孩子避免电脑游戏的不良影响，这是所有父母应该认真思考和解决的问题。

【仔细想想】

现在的孩子，尤其是男孩儿，特别喜欢玩电子游戏机。有的孩子长时间沉溺于电子游戏，一旦停止电子游戏活动，就出现难以摆脱的渴望玩游戏机的冲动，形成精神依赖和相应的生理反应。恢复操作电子游戏后，精神状态便恢复正常。这些行为特征与毒品成瘾行为有着许多相似之处，是一种心理疾病行为。从心理学上来讲，电子游戏特有的行为强化机制，可使成瘾行为不断强化。但并非所有玩过电子游戏的孩子都会成绩下降、品行不端，关键在于是否上瘾，而是否容易上瘾往往又与孩子自身某些心理原因有关。如那些性格内向、希望得到重视而又十分孤独的孩子，或者生活中遭受过挫折、学习成绩不突出、心情压抑的孩子，或者成绩下降而对环境不适应的孩子，这样的孩子最容易上瘾。

防止电子游戏这一“电子海洛因”对孩子产生毒害要靠全社会

的努力。学校要注重素质教育，充分挖掘孩子多方面的潜能。父母也应注意教育方法，要多与孩子沟通，培养孩子健全的性格；平时要善于引导孩子多看有益的书籍或者操作有意义的教育软件，把孩子的兴趣和精力引往正途。

【纠正方法】

第1步：不能放任。根据孩子的特点，以鼓励引导为主，在节假日允许他玩一会儿。另外，经常和老师通电话，随时取得老师的帮助，一旦发现孩子玩游戏上瘾，就和他谈话，提醒他。

第2步：注意引导。如果强迫孩子放弃游戏机，如藏起游戏机等，不但不会奏效，反而会使孩子产生逆反情绪，会激化父母与孩子之间的矛盾，事倍功半。

第3步：制定规则。正确安排孩子的学习与玩游戏时间，和孩子一起制订学习与玩游戏的计划，如什么时候玩，玩多长时间，特殊情况下怎么处理，等等。可让孩子回家先复习功课，做完作业，然后玩半小时游戏。星期天复习本周课程，解决疑难问题，然后玩40分钟。然后，再预习下周的内容。期中、期末考试之前两周内，停止玩游戏机，集中精力复习功课，准备考试。考完后，暑假或寒假适当延长孩子玩游戏的时间。

第4步：以身作则。父母自己也克制自己，少玩电子游戏。

第5步：正确引导。对孩子玩游戏机的次数与时间可以实行目标管理。成绩提高后，可以适当延长游戏时间，反之，适当缩短游戏时间。要做到奖励与惩罚相结合，从而调动孩子的学习积极性，增强其自制能力。

第6步：培养兴趣。积极引导孩子发展健康向上的兴趣爱好。如和孩子一起集邮、积极参加体育活动，搞小发明、小制作，利用节假日外出旅游等，让孩子的兴趣转到健康、积极的活动上来。

行为纠正及转变结果日记

任何不良行为的纠正与转变，都需要孩子不断地练习、努力以及父母的鼓励。

在孩子行为转变的过程中，可能每次只是前进一小步，但无论进步大小，父母都应该向孩子表示肯定与鼓励。每一种不良行为的纠正与转变，都有一个从被动到主动再到自动的过程，至少需要3周也就是21天的时间，因此千万不要轻言放弃，而应该坚持坚持再坚持。有道是“条条大路通罗马”，也许一种策略失败了，另外一种就能成功。请把孩子每周的表现记在下面的横线上，并且在《行为纠正与转变结果日记》上记录孩子每天的变化。

21天后，期待你的孩子带给你一个惊喜！

纠正与转变的目标行为：______________________

第1周（第1个7天）

____

____

____

第2周（第2个7天）

____

____

第3周（第3个7天）

行为纠正与转变结果

（四）性格的问题

第24种行为：任性

【问题描述】

日常生活中，我们总会遇到些任性的孩子。他们有的性格偏执，有的无理取闹，有的缺乏自我约束力，等等。孩子的身心发展不成熟，对事情缺乏全面的认识和准确的判断力，多少都有点任性。“人之初，性本善”。孩子的任性不是天生的，它受周围环境的影响，同时也是一种心理需求的表现。孩子的任性发展到一定程度，会妨碍其健康成长。因此，必须采取措施加以纠正。

有一天，爸爸妈妈带奇奇去附近的超市买大米，回来的时候，奇奇慢吞吞地走在前面，妈妈和爸爸走在后面。因为大米比较重不太好拎，爸爸拎着大米很快就超过他了，结果奇奇就开始哭着去追爸爸，让爸爸和他再回到超过他的地方重新走。妈妈就反复跟他讲："爸爸拎着大米很重的，让他先回家吧，我陪着你慢慢走。"奇奇根本不理，继续哭闹……

奇奇的这种表现就是任性，想要就要，父母不满足时就大哭大闹，不依不饶，让父母很烦恼。

研究发现，孩子任性主要是由父母对孩子的教养出现失误造成的，有时孩子提出不合理的要求，父母开始不同意，但在孩子哭闹或绝食的威胁下只好妥协。渐渐地，父母就形成无原则地迁就孩子的习惯，促成了孩子任性。

当发现孩子有任性的苗头时，最好对他进行"冷处理"：在他大哭大闹时父母不要发火，也不可因他一闹就投降，父母要下决心做几次"绝情"的父母，使孩子不能从哭闹中得到"好处"。

当然，对于孩子的任性也需辨证分析，弄清他任性的原因。当孩子正在做有益的事情时（如全神贯注地看书，父母却要他一块儿去做客，孩子不想去）父母最好改变自己的主张，让孩子继续做下去。

【仔细想想】

现在，独生子女多了，孩子任性的现象比较普遍。孩子的任性行为，根据年龄及个性的不同而有不同表现，但下面几种最为常见：一是你说东，他偏往西；二是脾气说来就来，稍不如意就和父母对着干；三是突发性不可抑制的狂躁；四是要什么就得有什么。

任性是一种不良心态，是孩子要挟大人满足自己某种需要的手段，养成这种不良品质的原因，不外乎两种：一是大人对孩子过分溺爱；二是父母之间、祖父母之间对孩子的教育态度不一致、互相矛盾。爸爸批评，妈妈护着。妈妈批评，爷爷、奶奶护着。时间一长，次数一多，孩子有了靠山，任性就愈演愈烈了。

宠溺的教养方式可以使儿童形成以自我为中心、任性等不良意识和行为；父母或父母与上一辈老人之间对孩子教育态度的不一致，也可使儿童养成任性的不良行为；过度庇护则容易影响儿童生活自理能力的发展。对于以上出现的种种问题，要根治孩子任性，必须从大人做起。

要改变孩子任性也非一日之功，父母要有耐心，要持之以恒，反复教育，直至孩子改掉这个毛病为止。

【纠正方法】

第 1 步：正确对待。尽量鼓励、支持、帮助孩子完成他自己想做的事，不要成天总是对孩子发布禁令。对孩子提出的不合理要求，不管他怎么哭闹，决不能迁就，态度要坚决，而且要坚持到底。当孩子出现任性的毛病时，及时向孩子提出“约法三章”。

第 2 步：分析原因。父母要认真分析孩子任性的原因，具体问题具体分析。

第 3 步：进行“冷处理”。孩子任性时，只要不出现“安全问题”，父母可以狠下心来不去理睬孩子，让他闹。等到孩子平静时，再去说理，指出他的错误之处。

第 4 步：转移注意力。孩子注意力容易转移，在他任性的时候，父母可利用当时的情境特点，设法将孩子的注意力转移到能吸引他的别的事物上。给孩子创造集体生活的机会，任性是自我为中心的产物，集体活动是破除自我为中心的最好途径。平时父母可以利用童话、故事等方式，给孩子讲道理。不能等孩子任性了再说理，否则只有白费口舌，收效甚微。

第 5 步：承担后果。孩子任性的结果对他有强化作用，只要结果令他满意，他会继续为之；反之，则会自发地改变。利用这一规律，可以纠正孩子任性的坏毛病。比如孩子用不吃饭来要挟父母，父母不妨就让他好好饿一顿，使他以后想用不吃饭来要挟大人时，想起饿肚子的滋味。采取这种方法，父母一是要确保后果对孩子身心没多大伤害，二是要狠得下心来。

第 6 步：激励夸奖。孩子喜欢听“好话”。任性的初期，父母可以正面夸奖他的某一长处，为孩子“转变”找台阶；或者反面激将，说他的不足，刺激他改变。父母态度要保持一致。特别是祖辈不要在孩子父母批评孩子时出面袒护。父母之间意见不同时，要避开孩子去商量。

行为纠正及转变结果日记

任何不良行为的纠正与转变，都需要孩子不断地练习、努力以及父母的鼓励。

在孩子行为转变的过程中，可能每次只是前进一小步，但无论进步大小，父母都应该向孩子表示肯定与鼓励。每一种不良行为的纠正与转变，都有一个从被动到主动再到自动的过程，至少需要 3 周也就是 21 天的时间，因此千万不要轻言放弃，而应该坚持坚持再坚持。有道是“条条大路通罗马”，也许一种策略失败了，另外一种就能成功。请把孩子每周的表现记在下面的横线上，并且在《行为纠正与转变结果日记》上记录孩子每天的变化。

21 天后，期待你的孩子带给你一个惊喜！

纠正与转变的目标行为：______

第1周（第1个7天）

______

______

______

第2周（第2个7天）

______

______

______

第3周（第3个7天）

______

______

______

行为纠正与转变结果

______

______

第25种行为：顶嘴

【问题描述】

美国教育学家马斯洛指出："顶嘴不是解决问题的好方式，一旦习惯成自然，也不利于孩子的学习和成长，甚至会影响他长大成人后的人际关系。”

菲菲最近老和妈妈顶嘴，比如该吃饭了，妈妈叫她回家好几次，她总是边答应着边玩。后来妈妈硬是把她抱回家，她就很愤怒地说：“凭什么你要我回家我就要回啊？我为什么要听你的话啊？”她这样不依不饶地，让妈妈很头疼。

像菲菲这样的行为，估计不少父母会遇到。父母应从孩子的言行中认识到：孩子开始有了自我意识，有了独立支配自我的意愿；同时在教育孩子时若只是一味强调要孩子听话而没有给孩子讲清道理，就无法让孩子理解何种行为是正确的。

顶嘴常常源于孩子和成人意见相左。父母应看到顶嘴是孩子表达自己的判断的一种特定方式。孩子追求独立性，要加强自己判断是非的能力。孩子表达自己的判断，不可能像大人那样圆滑、委婉。所以对孩子的顶嘴，不要一概斥之为不尊敬长辈，要区别对待。凡事都要理解后才肯听从命令的孩子，也许有更多的创造性和叛逆精神。所以，孩子如果爱顶嘴，父母千万不要苦恼，也不要盲目训斥，要多花一点精力进行正确引导，最终使孩子成为勤思考、敢质疑、有独创性又有礼貌的人。

【仔细想想】

孩子慢慢长大，其独立欲望明显增强。他们开始意识到自己的存在，不愿处处被人管制。如果父母这时对他们干涉过多，会引起他们反感而和父母顶嘴。孩子顶嘴和父母的教育有很大关系，一般有以下几种原因：

1. 教育方式简单。如果父母只凭一时的喜怒赞扬或批评孩子，或只是发号施令、训斥孩子，孩子大多不会买账了。

2. 说话不讲究艺术。有的父母说话抓不住重点，啰唆、唠叨，让孩子厌烦，引起孩子顶嘴。

3. 观点不正确。父母受文化水平、职业等限制，有时所持观点不正确，孩子难以苟同而进行辩驳。

4. 独断专行。有些父母采用家长制的教育方式，不允许孩子有不同意见。孩子长大后，有自己的看法，不喜父母对自己干涉太多，就容易与父母顶嘴。

5. 溺爱孩子。父母对孩子过于溺爱会使他们缺乏约束，不懂礼貌，在长辈面前我行我素，等到孩子养成坏习惯时，就比较难纠正。

6. 以身作则不够。父母平时在家中不注意自己的行为，为一些小事与家人发生口角，和老人顶嘴，这会对孩子产生潜移默化的不良影响。

7. 独立思考意识正在增强。有顶嘴现象，说明孩子长大了。这提醒家长在今后的生活中要适当注意言行，以免自己的言行对孩子造成不良影响。

要想改掉孩子顶嘴的毛病，父母应从改变自己的教育方法入手，深入了解孩子的心理需求，尊重他们的意见，循循诱导。父母还应时刻以身作则，这样孩子才会从内心听从父母的教导。

【纠正方法】

第 1 步：及时指出。对孩子无礼的顶嘴行为，应及时指出。比如可以说："当我和你说话时，你摇头晃脑，很没有礼貌，必须改正。"如果指出还不改，就不要理睬他。

第 2 步：协商引导。父母可用商量引导来代替命令与强制。比如，孩子到了睡觉时间还不想睡觉，因为正在进行的活动太兴奋了，这时父母不妨将灯光调暗，音乐调低，再拿出孩子喜欢的绘本吸引他躺到床上讲故事，然后自然地过渡到睡眠上。

第 3 步：听孩子说。首先要允许孩子申辩，鼓励孩子申辩。既然你批评孩子，就应允许孩子有这种权利。这样的好处是，让孩子感到无论做什么，有理才能站稳脚跟，这对发展孩子的个性很有利。孩子们一开始可能不会很有章法和条理，但这是一种锻炼，可以使孩子学会从各种困境中摆脱出来，练就坚强的性格。压制孩子，让他把委屈吞进肚子里，只能造就委曲求全或满怀忧愤的性格。

第 4 步：善于引导。父母要注意语言技巧，尽可能把“不要做”变成“要做”。比如去超市时，不要反复叮嘱孩子“不要到处跑”，而可以让孩子“跟着购物车走”。“不要”有批评的意味，而“要”则显得肯定得多。父母教育孩子的不当言行时，应言简意赅，切忌一味重复，喋喋不休。无论说什么，都要蹲下来和孩子说话。一来可以让孩子听清你在说什么，二来会让孩子感觉你亲切友好，对你所说的话更加认同。要建立和谐的家庭氛围，发扬家庭民主，给孩子更多的发言权。对正确的行为，要及时鼓励表扬。放手让孩子自己去想、去干。不要一味要求孩子按照自己的模式行动，当孩子有了一个与众不同的设想，做了以前不敢做的事，父母应积极支持，及时赞许。

第 5 步：以身作则。父母是孩子的镜子，孩子是父母的影子。父母要想让孩子不顶嘴就必须做孩子的好榜样。有的父母平时在家中不注意自己的行为，对老人不尊重，还常常和老人顶嘴，这会对孩子产生潜移默化的不良影响。父母要重视自己在孩子面前的影响，处世为人以和为贵，尊重长辈，这样，孩子也会乐于听父母的教诲，不再顶嘴。

第 6 步：奖惩有度。需要批评时，要有分寸；需要惩罚时，要讲明道理。要注重与孩子的精神交流。每个孩子都渴望得到父母的理解，父母应学会倾听孩子的意见，努力理解他们的感受，委婉表达自己的意见和评价，使孩子感到父母的关爱，从而乐于接受父母的意见。

行为纠正及转变结果日记

任何不良行为的纠正与转变，都需要孩子不断地练习、努力以及父母的鼓励。

在孩子行为转变的过程中，可能每次只是前进一小步，但无论进步大小，父母都应该向孩子表示肯定与鼓励。每一种不良行为的纠正与转变，都有一个从被动到主动再到自动的过程，至少需要 3 周也就是 21 天的时间，因此千万不要轻言放弃，而应该坚持坚持再坚持。有道是“条条大路通罗马”，也许一种策略失败了，另外一种就能成功。请把孩子每周的表现记在下面的横线上，并且在《行为纠正与转变结果日记》上记录孩子每天的变化。

21 天后，期待你的孩子带给你一个惊喜！

纠正与转变的目标行为：______________________________

第 1 周（第 1 个 7 天）

____

____

____

第2周（第2个7天）

第3周（第3个7天）

行为纠正与转变结果

第26种行为：霸道

【问题描述】

孩子的品行是孩子成长发展的根本，而霸道是孩子成长的大敌，它严重影响孩子的成长。

刘明上小学五年级，他在学校里常常捉弄、欺负同学。为此，他爸爸没少训他、打他，但他仍然我行我素。父母真不知道该怎么教育他。

像刘明这样的孩子，每个班里都会有几个。有些孩子是在家里霸道，有些则是在学校霸道。一般来说，受到宠爱的孩子进入集体时，一旦想要的东西得不到就会攻击对方。当别人躲避时，就会心中不满，更易于攻击别人，成为“小霸王”。

先抛开别的不说，刘明爸爸这么教育他的方式就不恰当，长期以来因为刘明的霸道行为打他，反而更容易滋长孩子喜欢用拳头解决问题。

一般来说，应该在孩子刚出现做事“霸道”的苗头的时候尽快制止。年龄越大越不好改，一旦形成性格的一部分，那孩子今后的发展真是令人担忧。

【仔细想想】

霸道在人际交往中，常常表现为蛮横、侵犯性、攻击性，不讲道理，为所欲为。有的孩子简直是小霸王，一不如他意就大哭大闹，最后父母只能妥协，顺应孩子的要求。这种霸道的孩子不少，带给父母们很多烦恼。

造成孩子行为霸道的原因有很多，大概是以下几点：

一是父母过分溺爱。孩子要什么有什么，凡事有求必应。这样会渐渐养成孩子以自我为中心的观念，容易滋生霸道行为。而当孩子有霸道行为出现时，父母没重视，认为只是个孩子，未加以引导并给予适当地纠正。因此，日积月累之后，孩子就会觉得凡事都理所当然，变得越来越霸道。

二是排行的关系。一般来说，独生子女或排行最大者较常发生霸道的现象。因为孩子排行老大，在弟弟妹妹尚未出生之前，习惯了独占父母的爱和一切东西；而在弟妹出生后，父母又未能及时培养他（她）当哥哥或姐姐应有的情操，以致他（她）对事情的表达方式就处处显得霸道，不讲理。

三是个别差异。每个孩子都是一个独立的个体，每个人天生气质不同，所表现出的行为也有很大的差异。

四是模仿。孩子深受父母的影响，如果父母本身很霸道，孩子看到父母这种行为，往往耳濡目染之下也跟着模仿、学习。

对霸道的孩子，父母应注意管教的方式，具体情况具体分析，让孩子意识到自己的不对，发自内心地去改正缺点。

【纠正方法】

第 1 步：友好相处。要帮助孩子建立人际关系，尤其在孤单的环境里，霸道的行为会显得更为强烈。因此，可带孩子去参加社交场合，在和别的孩子共同分享中，学习到施与受的关系，进而觉得没有霸道的必要，从而与别人建立良好的人际关系。

第 2 步：疏导情绪。如果孩子的霸道行为主要来自自卑或内心积郁太多的负面情绪，则应从心理疏导入手，帮助孩子建立自信，教育孩子善于从健康的渠道发泄内心的积郁。

第 3 步：分析原因。检查孩子生活环境里有没有霸道行为的事情。若是父母有霸道、不讲理的行为，应立即停止，并向孩子明确承认自己这么做是不对的；若是邻里中有霸道行为，父母应持否定态度，并教育孩子认识霸道行为的危害。

第 4 步：引导纠正。当孩子有霸道行为出现时，父母应先处于他的立场设想，试着了解他的心情，因势利导。对孩子的霸道行为，不要迎合或敷衍，要适时给予引导与纠正。

第 5 步：鼓励肯定。当孩子有好的行为表现时，要给予鼓励和肯定，强化他的这种行为，孩子一旦受到肯定，心中便会意识到何事可为；而当孩子表现霸道行为时，则须给予引导和纠正，孩子便能知道何事不可为。

第 6 步：把握时机。行为霸道的孩子，情绪上易波动、易怒易躁，而事后会有一段冷静的时间。这是情绪的低迷期。这时候进行教育引导是最好的时机，父母要把握住教育时机，加强引导，就会产生规范作用，使孩子对自己的行为产生约束力。父母要学着每一件事情都要和孩子讲理，让孩子慢慢了解和接受，切勿“以霸治霸”，以免误导孩子，以为霸道可以解决一切。

行为纠正及转变结果日记

任何不良行为的纠正与转变，都需要孩子不断地练习、努力以及父母的鼓励。

在孩子行为转变的过程中，可能每次只是前进一小步，但无论进步大小，父母都应该向孩子表示肯定与鼓励。每一种不良行为的纠正与转变，都有一个从被动到主动再到自动的过程，至少需要3周也就是21天的时间，因此千万不要轻言放弃，而应该坚持坚持再坚持。有道是“条条大路通罗马”，也许一种策略失败了，另外一种就能成功。请把孩子每周的表现记在下面的横线上，并且在《行为纠正与转变结果日记》上记录孩子每天的变化。

21天后，期待你的孩子带给你一个惊喜！

纠正与转变的目标行为：________________

第1周（第1个7天）

____

____

____

第2周（第2个7天）

第3周（第3个7天）

行为纠正与转变结果

第27种行为：淘气

【问题描述】

没有一个孩子不淘气，只是程度不同而已。

英国著名教育家斯宾塞说过：“没有一个孩子是不顽皮的，而顽皮之中往往蕴含着创造。顽皮是孩子智慧发展的原始动力。”

乐乐5岁的时候很淘气，父母给他买了很多玩具都被他拆了个遍。眼看着很多东西就这样变成了一无是处的“废物”，父母很是头疼。

后来父母发现，乐乐能把拆开的东西重新组装起来，而且有些还被改装得更好——他有很强的动手能力，于是父母不再压制他的“拆分”行为，把家里一些比较危险的东西藏好后，鼓励和引导孩子做各种“组装”实验。乐乐上了小学后，参加各种模型制作比赛都拿了奖，这无疑和父母后来的教育有关。

淘气的孩子好奇心比较强，父母善于引导会有利于开发孩子的智力。对待淘气的孩子，不要轻易指责和批评，而要珍惜和维护他们的好奇心。不要常把“我从来没见到过这么淘气的孩子”等话挂在嘴边，这样孩子会下意识地觉得自己与其他小伙伴相比不算“正常”。这种“异常”的自我感觉，对孩子的心理健康可能产生负面影响。

淘气的孩子多数生性活泼，求知欲强，也即所谓“精力过剩”。枯燥乏味的教学、平淡无奇的家庭生活使他们“过剩的精力”无处施展时，他们就开始淘气起来了。这是对教学不得法的学校的抗议，也是对无暇顾及孩子的父母的惩罚。另一方面，孩子的智力也并不一致，而一般的学校教育却是千篇一律。硬性要求兔子与乌龟齐头并进，那么兔子就会难以忍受，就会不遵守纪律。孩子也是这样，旺盛的精力得不到应有发挥，那么就不免要随便“发泄”了。

如果孩子捣乱不算太大也没有让父母太难堪，那就不要太过指责。较为宽松的家庭氛围有助于顽童克服缺点，健康成长。另外，淘气的孩子本身也可能承担着巨大的心理压力，如闯祸后担心受罚。要减轻孩子由于心理压力过大而产生的负面情绪，父母要注意处罚方式，还要注意在孩子改正错误后及时予以肯定、表扬。

对淘气的引导，应是以极大的热情和耐心来保护儿童的良好动机，满足儿童内部的需要，帮助儿童在淘气中发展。

【仔细想想】

在大人看来司空见惯的东西，在孩子眼里却是每一样都充满了吸引力，他想一一弄清楚。就成人而言，有好奇心就有钻研的劲头。

淘气的孩子好奇心强，其潜在的钻研劲头也很足，可以说这个孩子很有潜力。

但很多父母把淘气看成坏事，以打骂的方式阻止孩子淘气，压制了孩子成长的自发性，让孩子变成“乖孩子”。这些孩子由于被大人评价为听话的“好孩子”，会变得越来越压抑，渐渐失去心灵的自由。他们进入青春期后，由于自我意识的萌发，对一直“伪装”的“好孩子”形象不堪忍受，便可能产生逆反心理，或者患身心疾病。

研究表明，淘气是建立在探索欲望上的行动，当孩子通过淘气使探索欲望得到满足后，便不会继续淘气了。如果孩子一直持续淘气下去的话，就必须适时制止。

对孩子来说，做淘气的事情有他的理由，不做了，也有一定的原因。若是加以压制，孩子就不能比较自然健康地成长。因此最好的办法是：尽可能地允许孩子淘气，等待他自己从淘气中“毕业”。

【纠正方法】

第 1 步：正确对待。孩子的个性及兴趣随年龄阶段的不同而不同。孩子淘气，父母要正视现实，理解孩子的心情，走进他的心里，和他做朋友，及时发现孩子的优点，给予肯定及表扬。

第 2 步：尊重自尊。对待淘气的孩子，不要当众责罚孩子，孩子也有自尊心，即便是自己的孩子带头调皮，父母也不要当众责罚，在孩子的朋友面前，要给孩子必要的尊重。

第 3 步：立下规矩。父母要和孩子立下好规矩，让他明白每家都有自己的规矩。如住楼房，就不能乱蹦乱跳等。

第 4 步：因势利导。好动、好奇是孩子淘气的主要原因，父母可根据孩子的兴趣爱好，引导孩子进行有益的活动。这样丰富孩子知识的同时又满足他的愿望，也帮助孩子克服了淘气的毛病。

第 5 步：提前防范。平时要把一些危险的物品，比如热水瓶、药瓶、水果刀等收好，易碎物品也要收起来。煤气要关紧。该锁好的抽屉也要锁好。床底下、地板尽量擦干净。以免孩子在淘气时伤到自己。

第 6 步：相互信任。父母要让孩子听话，不过分淘气，必须取得孩子的信任。父母要关心孩子，了解孩子，尽可能多与孩子接触，甚至与孩子一起“顽皮”一番。父母与孩子一块玩，可以加深双方的感情，增加共同语言；孩子对父母也会更加信任、亲近，从而乐于接受父母的意见。

行为纠正及转变结果日记

任何不良行为的纠正与转变，都需要孩子不断地练习、努力以及父母的鼓励。

在孩子行为转变的过程中，可能每次只是前进一小步，但无论进步大小，父母都应该向孩子表示肯定与鼓励。每一种不良行为的纠正与转变，都有一个从被动到主动再到自动的过程，至少需要 3 周也就是 21 天的时间，因此千万不要轻言放弃，而应该坚持坚持再坚持。有道是“条条大路通罗马”，也许一种策略失败了，另外一种就能成功。请把孩子每周的表现记在下面的横线上，并且在《行为纠正与转变结果日记》上记录孩子每天的变化。

21 天后，期待你的孩子带给你一个惊喜！

纠正与转变的目标行为：______________________________

第 1 周（第 1 个 7 天）

第 2 周（第 2 个 7 天）

第 3 周（第 3 个 7 天）

行为纠正与转变结果

（五）交往的误区

第28种行为：不合群

【问题描述】

不合群是指在日常生活中，孩子因性格或不知如何与小朋友交往等原因，而引发的一种行为。从心理学角度分析，这是一种退缩性行为。不合群的孩子一般性格孤僻，社会交往能力差，心里有无能感，逐渐变得自卑，或者富有攻击性。在5岁孩子身上，这种行为时有发生。

邓佳的妈妈在37岁才生下这个女儿，疼爱之心自不必说。佳佳稍有头疼脑热都会惊动全家人的每一根神经，家人对她可谓是处处关心，事事包办。当佳佳3岁时，到了该上幼儿园的时候了，全家人把小佳佳送到幼儿园。可刚去了一天，她说什么也不肯去了，一到幼儿园就哭得像个泪人似的，妈妈和奶奶都跟着掉眼泪。看到此情此景，奶奶便说："你看孩子多可怜，她不愿意去就别勉强了，还是留在家里，让我带吧。"就这样，佳佳在奶奶身边又待了两年。和奶奶在一起时，佳佳很少出去玩，大部分时间在家里听奶奶讲故事或自己一个人过家家。

看着周围小朋友们在幼儿园都进步不少，妈妈决定再次送佳佳上幼儿园。这回佳佳好像长大懂事了，不像以前那样苦恼。但据老师反映，佳佳在幼儿园里和其他小朋友表现不一样。她从不主动和其他小朋友说话，也不和他们一起玩。当别的小朋友在一起做游戏、打闹时，佳佳总是自己一个人在一边玩。老师让小朋友们回答问题时，别的小朋友都争先恐后地举手发言，而佳佳从来不敢举手。老师把她叫起来，她回答的声音也很小：像蚊子哼哼。佳佳在园里总是一副郁郁寡欢、与小朋友们格格不入的样子。可佳佳妈妈却说："佳佳在家里可不这样呀！"的确，佳佳在家中与幼儿园里好像判若两人。在家里，佳佳好动，和父母整天有说有笑。这让佳佳的父母很烦恼。

这种行为多发生于孩子与小朋友交往时。如，带孩子去公园，看到很多小朋友在玩滑梯时，妈妈让孩子和小朋友一起玩，但孩子却不愿加入到玩耍着的小朋友们中间去，只想自己在旁边一个人安安静静地玩秋千。

这种情形在幼儿园中更加多发。如，幼儿园老师让大家一起玩捉迷藏的游戏，很多小朋友都愿意参加，并玩得很高兴，但不合群的孩子却喜欢待在安静的角落里，看着别人玩。事实上，孩子不是不愿意和小朋友一起玩，只是怕受小朋友欺负，或者他比较调皮，如爱打其他小朋友，结果小朋友都不愿意和他玩。

【仔细想想】

一是父母教养方式不当。如孩子小的时候，很少带孩子出门玩。孩子稍大时，又怕外面空气不好，影响孩子身体健康。结果，就导致孩子怕生人，怕陌生的小朋友。

二是不良环境。很多孩子由保姆照顾，保姆如不爱出门，不爱说话，孩子也会受不良影响，喜欢自己待在家里玩，很少出去。时间长了，必然就缺少与人交往的经验。这类孩子到人多的地方也不合群。

三是过分溺爱。很多孩子在家时，父母太溺爱孩子了，什么都由着孩子的性子来。但到幼儿园如果也这样，必然受到其他孩子的排斥，时间长了，这类孩子也不合群。

【纠正方法】

第 1 步：参加活动。父母可带孩子经常去孩子多的场合，去之前，让孩子多带几个玩具，并由他分配给其他孩子玩。这样就能让别的孩子喜欢或主动跟孩子玩。

第 2 步：同伴同乐。鼓励孩子跟年龄相仿的小朋友玩，父母可邀请孩子幼儿园的小朋友来自已家做客。当孩子因抢玩具而发生争执时，要鼓励孩子自己想办法解决。

第 3 步：教点技巧。父母可教给孩子一些社交技巧，如，想玩小朋友的玩具时，要说“我能借你的玩具玩一会儿吗”，“我有大汽车，你有长枪，我们换着玩好吗”，等等。

第 4 步：结伴同行。如果邻居的孩子与自家孩子上同一个幼儿园，可让他们结伴走。因为这样就能给孩子创造结交好朋友的机会。

第 5 步：父母参与。当孩子在与其他孩子做游戏时，父母可以参与，并做出玩得很高兴的样子。这样就能吸引孩子，从而对游戏感兴趣，并慢慢有参与的想法。

第 6 步：创造氛围。家庭成员和睦相处，彼此关心照顾，孩子在这种氛围中，就会潜移默化地学会与人相处之道。

行为纠正及转变结果日记

任何不良行为的纠正与转变，都需要孩子不断地练习、努力以及父母的鼓励。

在孩子行为转变的过程中，可能每次只是前进一小步，但无论进步大小，父母都应该向孩子表示肯定与鼓励。每一种不良行为的纠正与转变，都有一个从被动到主动再到自动的过程，至少需要 3

周也就是 21 天的时间，因此千万不要轻言放弃，而应该坚持坚持再坚持。有道是"条条大路通罗马"，也许一种策略失败了，另外一种就能成功。请把孩子每周的表现记在下面的横线上，并且在《行为纠正与转变结果日记》上记录孩子每天的变化。

21 天后，期待你的孩子带给你一个惊喜！

纠正与转变的目标行为：________________

第 1 周（第 1 个 7 天）

____

____

____

第 2 周（第 2 个 7 天）

____

____

____

第 3 周（第 3 个 7 天）

____

____

____

行为纠正与转变结果

____

____

第29种行为：害羞认生

【问题描述】

我们不是生活在真空里，而是生活在一个复杂的社会环境中，是需要与别人交往的，这就是一个人的社会化过程。研究表明，首先与孩子交往的是他的母亲和父亲，然后扩大到亲友、邻居和小伙伴。孩子在这些活动中逐渐产生出和别人交往的欲望，如果父母不注意满足孩子这种欲望，整天把他关在房间里，不让与周围的人和事接触，那么这种社会交往性的萌芽就会萎缩，就会影响孩子心理的正常发展。可以说，孩子害羞认生，做什么事都不能独立完成，正是缺乏社会交往能力的表现。

小丹自小由一个农村来的小保姆照顾。保姆人很老实，不太爱说话。慢慢地小丹就学会了自己待在家里玩，很少出去玩。妈妈和爸爸的工作都挺忙，陪孩子一起玩的时间也很少。加之亲戚朋友比较少，家里也很少有外人来做客。小丹变得越来越害羞认生。

小丹的父母意识到这种情况后，一步一步指导孩子和别人交往：请同事、邻居家的小朋友来玩，父母在旁边加以指导，教给孩子一些常用的社会交往策略，如让小丹和小朋友一起玩玩具，和小朋友做合作游戏等。慢慢地，父母又带小丹到人多的地方，鼓励、指导孩子多和其他陌生的小朋友、友善的叔叔阿姨主动问好、说话、玩耍，不要怕生羞怯。每天去幼儿园之前，鼓励小丹多交朋友，回家之后，询问小丹有没有进展。小丹每交到一个新朋友，父母都表示由衷的高兴。

人的天生气质各不相同，有的外向活泼，有的内向拘谨；其次，孩子必须在他所熟悉的环境里获得充分的安全感，他才能把这种安全感转移到陌生的人或事物上面去。如果家里缺乏欢乐和温暖，会对孩子的性格产生多方面的影响，孩子可能会因此变得胆怯怕生。另外，如果孩子从小很少见到陌生人，缺乏在众人面前露面的体验，也会使孩子难以适应陌生的环境和事物。

【仔细想想】

在幼儿园门口，常有一些父母恼怒但又必须耐着性子哄那些哭闹着不肯入园的小孩。在心理治疗中心，也常有一些父母带着小孩来咨询：比如，有个小男孩，6 岁，在家淘气，在学校却又胆小怕事；有个女孩一直由外婆带，怕见生人，语言表达能力差……

这个年纪的孩子人际关系不佳，从孩子自身来说，可能有下列几种因素：

一是智力或基本能力有问题，以致不知如何表达自己的意思，或表达不好，怕人嘲笑，于是更胆小；

二是因交友受挫，导致害怕与人交往；

三是没有交友的动机，不觉得朋友有何好处，觉得自己玩也可以。或纯粹个性内向，不喜欢与小朋友玩。

就外界因素而言，则存在以下情况：楼房代替了四合院，邻里之间不相往来，老人怕孩子出危险，不让孩子出去玩，这导致孩子没有或缺少可以交流的同伴；保姆代替了父母的劳动，却弥补不了父母的情感，造成孩子的情感饥饿；加之家庭教育的片面性，忽视了孩子的独立性，往往是一切父母包办。长此以往，孩子由于缺少与外界接触、与他人交往的机会而变得依赖父母、怕见生人。

怕生不仅表现为怕见生人，还表现为怕接触新环境、怕尝试新事物。怕生这种现象，在孩子只有六个月大的时候就开始出现了。孩子六个月大时，就会分辨父母、家人和陌生人。当他面对陌生人或新的事物时，会不知所措，会哭泣和躲避，这种情形会持续一段长的时间。孩子两岁以后，他的社会需求开始增加，开始喜欢与别人交往，特别是与同年龄的小朋友一起玩。所以一般来说，两三岁的孩子刚见到陌生人时会有些不自在，但过不了多久，他就会与他们玩得很熟了。但是有些孩子却不同，他们即使到了四五岁，甚至更大一些，一见到陌生人，或是一到了新环境，还是会局促不安，不敢说话，参加什么活动，他们也会畏缩不前，胆怯害羞。这种持续时间过长的怕生现象，不仅会影响孩子与他人的交往，也会使孩子失掉许多学习和尝试新事物的机会，而且还会影响孩子成年以后的生活。

【纠正方法】

第 1 步：容忍怕生。家里来了客人，父母不必一定要勉强怕生的孩子向客人打招呼，也不要非让孩子为客人表演节目，更不要觉得孩子怕生有损自己的面子，不然孩子更会感到不安和焦虑，对于克服怕生的心理没有好处。如果孩子愿意，可以让他给客人拿一盘点心，展示一下他最喜欢的玩具，一般来说孩子对这类事情不会感到太为难。

第 2 步：不要讥笑。有一种非常普遍的情形是，父母当着孩子的面，把孩子所做的可笑的事向别人讲述，或者让孩子向人表演他以前的可笑动作。这些父母没有意识到，孩子的心是非常敏感和脆弱的，这样伤害他的自尊，以后孩子还怎么敢在生人面前露面呢？

第 3 步：创造机会。带孩子散步的时候，父母可以停下来跟友善的陌生人聊几句。在公园里，鼓励孩子和小朋友一起玩一会儿。渐渐地，孩子就会感到陌生人并不可怕，而且很和善，愿意与他们相处。孩子稍大一点以后，爸爸妈妈可以帮他请邻居的朋友来家里玩，让他们自由自在地交谈和游戏，不要因为吵闹或弄乱了房间而责怪他们。在这种自由欢乐的气氛中，孩子的天性自然地流露出来，渐渐就会变得活泼起来了。

第 4 步：顺其自然。要让孩子明白，不被某些人喜欢和不喜欢某些人是很自然的，谁也不可能跟所有的人都相处得很好。这样孩子就不会因为担心自己会不受欢迎而不敢进入陌生的环境，也不会因为一两次交往的失败而对与他人交往心存畏惧。

第 5 步：与人交往。父母应常带孩子到不同的家庭中做客，让孩子在各种新的环境中不断丰富与人交往的经验，并学会与人交往的礼节，从而能够在生人面前落落大方，无拘无束。父母应支持孩子参加集体活动。胆小的孩子在集体中可以受同伴的影响很快地顺应环境并自如地同陌生人交往。一般来说，合群的孩子是很少怕生的。父母可与老师协商，让孩子为班级做一些具体的工作，无形中增加孩子与不同人相处的机会，增强孩子的自信心。

第 6 步：适当鼓励。对于孩子的点滴进步，父母要及时地鼓励和赞扬，以增强孩子的自信心，给予孩子面对陌生人的勇气。

行为纠正及转变结果日记

任何不良行为的纠正与转变，都需要孩子不断地练习、努力以及父母的鼓励。

在孩子行为转变的过程中，可能每次只是前进一小步，但无论进步大小，父母都应该向孩子表示肯定与鼓励。每一种不良行为的纠正与转变，都有一个从被动到主动再到自动的过程，至少需要 3 周也就是 21 天的时间，因此千万不要轻言放弃，而应该坚持坚持再坚持。有道是“条条大路通罗马”，也许一种策略失败了，另外一种就能成功。请把孩子每周的表现记在下面的横线上，并且在《行为纠正与转变结果日记》上记录孩子每天的变化。

21 天后，期待你的孩子带给你一个惊喜！

纠正与转变的目标行为：____________________

第 1 周（第 1 个 7 天）

____

____

____

第 2 周（第 2 个 7 天）

____

____

____

第 3 周（第 3 个 7 天）

____

____

____

行为纠正与转变结果

____

____

第 30 种行为：人来疯

【问题描述】

令许多父母烦恼的是：每当家里来了客人，孩子就会表现得异常兴奋，一会儿要爸爸给他当马骑，一会儿天上演孙悟空三打白骨精。大人的谈话常常被打断。孩子的这种“人来疯”现象是他大脑皮层兴奋性强，而又缺乏自我控制能力的表现。

家里一有客人来，佳佳就像变了个人似的，本来乖巧听话的她，马上表现得极其活跃，上蹿下跳，做各种怪动作，还拉客人做游戏。若别人顺着她，她就会兴奋不已；若是父母稍加阻拦，她便会大闹一通。孩子的这种行为往往弄得大人非常恼火，在客人面前又不便发作。事后批评孩子也不管用，她下次照样“人来疯”。

【仔细想想】

客观上来看，可能是平时家中生活太平静单调，一有人来做客，打破了往日的平静，给孩子带来了强烈的刺激。从主观上看，是因为孩子有较强的表现欲，这种欲望在父母面前未能得到应有的重视，于是转向客人。另一个原因可能是孩子发现了在客人面前提出的要求较少被“驳回”，借此提出一些平时不敢提的要求。

表现欲强的孩子往往具有较强的交往动机，这对于今后的社会化发展是十分有利的。当然，孩子有时可能造成一些尴尬的局面，父母不必当着客人的面斥责或处罚他，不要过分在意他的表现，可以设法把他引开去做别的事，事后再向孩子讲明道理。不要去嘲讽他，更不要等客人离开后“秋后算账”。

“人来疯”多见于3—6岁的儿童，是许多孩子容易出现的一种行为，尤其是住在高楼里的独生子女。从生理上来说，主要原因是孩子气质中的情绪本质偏向兴奋。从心理上来说，这是孩子的一种表现欲心理，多数是为了引起陌生人注意，以求得到夸奖、赞美和认可。

另外，也有的孩子利用这种手段来提出不合理的要求，因为当着别人的面大吵大闹时，父母为了息事宁人，比平时更容易答应自己的要求。通过自我表现来锻炼孩子的自我意识是值得肯定的。如果父母对孩子过分宠爱，对孩子的各种要求总是设法满足，对孩子的表现行为不加以引导的话，容易为“人来疯”埋下隐患。

过于严厉的家教使孩子的心理长期受压抑，也可能成为“人来疯”的原因。对于孩子的“人来疯”，不要绝对地认为不好。如果加以积极的、科学的引导，依然可以把孩子培养成活泼、开朗的健康儿童。

【纠正方法】

第 1 步：转移视线。如果孩子开始“人来疯”，可以提醒“你喜欢的动画片开始了！”让孩子的注意力恰当地转移，避免他们表现出特别兴奋反常的行为。

第 2 步：教点礼仪。平时教给孩子一些接人待客的礼仪。不要娇宠、放纵孩子的不良行为。若孩子表现良好，则应及时给予肯定、鼓励，以便巩固。孩子趁“人来疯”的时候提出过分的要求，不要妥协，而要用沟通的方式来引导他。

第 3 步：满足需求。给孩子一个表现自己的机会。尊重孩子的这种心理需求，加以引导，让他们有一个表现自己机会。如让孩子表演儿歌、背诵一首诗等。

第 4 步：参与接待。让孩子充当助手。来客人前，可先给孩子介绍客人，然后让他参与招待。客人来了可以让孩子端上水果，或拿擦手巾。这样把客人也作为孩子的客人，孩子就能逐渐学会社交礼仪。时间长了，孩子就会知道有客人来时自己该怎么做了。

第 5 步：尊重孩子。千万不要挫伤孩子的自尊心，不要当众或是在他们玩得正开心的时候打骂、训斥他们，以防伤害他们的自信心和自尊心。

第 6 步：鼓励表扬。要把表扬和鼓励相结合，才能取得显著的效果。比如，当孩子“人来疯”时，父母和客人对孩子要完全不予理睬；而当孩子安静下来独自游玩时，父母则应表扬他，并给予一定的奖励。但是，这种表扬和奖励的运用必须正确。如果孩子正在发“人来疯”，而父母为了获得片刻的安宁而答应孩子的非份要求，或给孩子喜爱的东西，那么，这种奖励只会使孩子变得更“疯”。

行为纠正及转变结果日记

任何不良行为的纠正与转变，都需要孩子不断地练习、努力以及父母的鼓励。

在孩子行为转变的过程中，可能每次只是前进一小步，但无论进步大小，父母都应该向孩子表示肯定与鼓励。每一种不良行为的纠正与转变，都有一个从被动到主动再到自动的过程，至少需要 3 周也就是 21 天的时间，因此千万不要轻言放弃，而应该坚持坚持再坚持。有道是“条条大路通罗马”，也许一种策略失败了，另外一种就能成功。请把孩子每周的表现记在下面的横线上，并且在《行为纠正与转变结果日记》上记录孩子每天的变化。

21 天后，期待你的孩子带给你一个惊喜！

纠正与转变的目标行为：____________________

第1周（第1个7天）

第2周（第2个7天）

第3周（第3个7天）

行为纠正与转变结果

第31种行为：早恋

【问题描述】

爱情作为人类精神的一种最深沉的冲动，有别于其他生物类的浅层生理冲动，其“深沉”包括人的道德、伦理、审美等诸多意识因素，如此才成为人类独享的一种情感。爱不是随着人的生理成熟而自然可以具备的，作为一种崇高的情感形式，是在后天的教育中形成的。而且，她的意义不仅仅局限于男女之情，而是可以作为衡量一个人是否为真正意义的人的标尺。因此，父母应重视对孩子爱的教育——不仅仅让孩子懂得爱，还要让孩子在懂得爱的过程中成长为一个道德高尚的人，一个情感丰富的人，一个思想成熟的人。

一位母亲看到女儿和一个男同学在一起，不分青红皂白，就把女儿骂了一顿。之后这位母亲总是监视女儿的一举一动，白天女儿上学的时候，还跑到女儿的房间里东查西看。有电话找女儿，她要把对方的情况询问得详详细细，尤其是男同学来的电话。久而久之，女儿的自尊心受到了严重的伤害，并感觉到自己没有行动的自由，和母亲的关系日益紧张。

有的父母就能巧妙地解决好这类问题，虽然很重视，但面对孩子的时候却轻描淡写，显得不以为然。一个女孩子很喜欢班里的一个男同学，爸爸妈妈知道后，利用吃饭聊天的时间，和孩子谈起了这个问题。当知道那个男同学数学很好后，爸爸笑着说："人家数学那么好，你这方面又不如人家，怎么行？"妈妈问："你是打算把你的心意告诉他呢，还是先藏在心里？"女儿思考了片刻，说："我还是先把数学学好吧。"这对父母用转移注意力的方法，轻轻松松地帮助孩子过了一道沟坎。

有个女孩经常帮助男同桌补习功课，父母断定他们"早恋"，粗暴制止，这两个根本没有"谈恋爱"的孩子承受着双方父母巨大的压力，索性离家出走，真正谈上了"恋爱"。

青少年渴望与异性交往是一种正常现象。进入青春期的每个正常的孩子都会开始关注异性。进入青春期后，由于生理和心理的不同发展，在性格、能力、思维方式等各方面的差异开始趋于明显，而他们在与异性交往时又常会有意无意地表现自己的长处，因此，与异性的正常交往，不仅有助于消除孩子紧张的心理，而且能促使他们取长补短，更加完善自己。异性交往不等于早恋。绝大多数孩子与异性的交往是纯洁美好的，父母应予以尊重、理解，不应猜疑、误解。否则，不仅会伤害孩子的自尊，反而可能诱导“早恋”。父母应鼓励孩子多交朋友，包括同性的和异性的，让他们更多地了解人，学会待人处世。在孩子与异性交往时，把自己的经验体会告诉他们，鼓励他们和思想进步、学习勤奋的人交朋友，并教会他们在交往的时间、地点、态度等方面把握分寸，还要注意孩子的心态变化，发现不良倾向时，及时提出忠告。只有正确地指导孩子与异性交往，而不是盲目地限制，才能使孩子早日成熟起来。

【仔细想想】

现在有的孩子年龄不大就和异性朋友交往，有些人称之为“早恋”。对孩子的这种“恋爱”，父母大可不必惊慌。现在的孩子所处的环境比父辈更自由、复杂，孩子和父母共享如今各种发达媒体带来的资讯，社会环境教会了他们不遮掩这种感情。

从儿童身心发展的规律来看，一般孩子长到3岁时，就已产生社会交往的欲望，他们对同龄孩子发生兴趣并找小朋友一起玩耍。在他们的心目中，这时的伙伴并无性别差异，他们之间的交往是天真纯洁的，认为只要能在一起学习玩耍就是好朋友。青春期的孩子，由于性的萌动开始关注异性，并且这种关注会不断增强，由此对特定的异性萌发出爱慕之情是很自然的。父母们要了解孩子此时特有的“心情”，对孩子与异性的交往，不能粗暴地定性为“早恋”，严厉地加以制止，对孩子进行跟踪、监视或者对孩子交往的对象彻底地加以否定。这样做往往是事倍功半，甚至适得其反。父母应该信赖孩子，以朋友的身份，平等地与孩子谈心，帮助孩子处理情感问题。只要给予合适的指导，通常这种“恋爱”事件就会如风吹过一般，很快便消失得无影无踪了。

【纠正方法】

第 1 步：关注孩子。如果发现孩子与某一异性交往过密，应巧妙暗示他，与异性交往不要只专注于某一人，否则就会失去与更多朋友接触、交往的机会。同时应学习一些有关儿童心理学特别是青春期心理学、教育学知识，提高素养。平时要多留意观察孩子，多和孩子谈心。

第 2 步：淡然处之。无论是孩子收到了同学的纸条，还是看到孩子和异性同学一起或学习、或聊天、或逛街，还是看到孩子总是偷偷地在自己的房间里写日记，父母都要用一种积极的坦然的心态去对待他们，千万不要如临大敌，要知道事情越描越严重，只有淡然处之，才能如春风化雨般地解决问题而不留痕迹。因为他们正处在情感波动和成长的关键时期，需要父母理解和呵护。

第 3 步：参加活动。集体活动既满足孩子了解、接触异性的愿望，又将孩子的情感注意力分散开来，减少了单独与有好感的异性呆在一起的机会，避免了不合理的感情发展。

第 4 步：区分友谊与恋情。友谊是异性、同性之间都存在的，是公开的、不排他的；恋情是异性之间的，是隐秘，排他的。要教会孩子区分友谊和恋情。父母不要把孩子间的友谊当成恋爱。教育孩子与异性交往要大方正派，要自尊、自重、自爱，不要态度暧昧。教育孩子主动学习对方的优点、长处，把对异性的朦胧的感情转化为互相学习的友谊。

第 5 步：适时教育。对孩子进行适当的性、婚恋教育，打好预防针。发现孩子喜欢某个异性时，不要惊慌恼怒，要给予热情的帮助，告诉孩子：这个阶段的孩子喜欢某个异性是正常的，但这种喜欢应保持在友谊的层面，不能成为“恋爱”，因为你正是长身体、学知识的黄金年龄，生理、心理发展尚不成方。如若因早恋而荒废学业、前途是非常可惜的。

第 6 步：亲子共学。当代家庭教育主张亲子平等，因此要想了解孩子的内心世界，必须平等地与孩子交流和沟通，这样孩子的真正想法才会向父母倾吐。孩子在青春期的时候尤其需要这样。拉近与孩子的心灵距离比较奏效的一招是，和孩子谈谈自己中学时期的情感经历，和自己的一些感受，孩子就会知道，原来每个人都是这样的。和孩子的距离拉近之后，就可以进一步和孩子一起学习、交流青春期的一些知识。

行为纠正及转变结果日记

任何不良行为的纠正与转变，都需要孩子不断地练习、努力以及父母的鼓励。

在孩子行为转变的过程中，可能每次只是前进一小步，但无论进步大小，父母都应该向孩子表示肯定与鼓励。每一种不良行为的纠正与转变，都有一个从被动到主动再到自动的过程，至少需要 3 周也就是 21 天的时间，因此千万不要轻言放弃，而应该坚持坚持再坚持。有道是“条条大路通罗马”，也许一种策略失败了，另外一种就能成功。请把孩子每周的表现记在下面的横线上，并且在《行为纠正与转变结果日记》上记录孩子每天的变化。

21 天后，期待你的孩子带给你一个惊喜！

纠正与转变的目标行为：

第1周（第1个7天）

第2周（第2个7天）

第3周（第3个7天）

行为纠正与转变结果

（六）学习的障碍

第32种行为：厌学

【问题描述】

由于各种各样的原因，孩子在学习过程中，常常会滋生出厌学的情绪。尤其是现在，厌学已成为孩子问题的一个重要现象。

每个孩子都是与众不同的，孔子在三千多年前就提出要“因材施教”，根据每个孩子不同的特点来引导他最有效地学习。孩子厌学，父母要找出原因，在平时多加留心孩子的特点和兴趣所在，对症下药，让他把学习当成一种乐趣，发自内心热爱学习。

欣欣是一个二年级的小学生。一年级的时候她是个老师公认的好孩子。可是，二年级刚开学几个星期，她突然不愿去学校上学了。爸爸妈妈想了很多办法，又是哄她，又是许诺，实在不行还吓唬过她，甚至一向舍不得动手打孩子的爸爸也忍不住打了她。起初，父母的这些做法还能稍微起些作用，到了后来，无论父母怎样软硬兼施她都不愿上学了，这到底是怎么回事呢？

几乎所有的孩子在开始背上小书包时都是非常喜欢学校、喜欢上学的，可是随着年龄的增长，有很多孩子或多或少有些惧怕上学了，有的孩子还表现得极为严重。孩子怕上学的原因有很多，有来源于外在环境的，也有来源于自身的。

孩子不愿上学，开始时一般不会直接表达出来，父母通过细心的观察可能发现孩子有如下表现：早上比往常更不愿起床，起床后又有意磨蹭，每天出门前或到达学校门口前突然说自己头痛或腹痛等，马上回家则立即好转，在上学路上情绪反常等等。发现孩子怕上学，一定不要责怪孩子没出息、懒惰等，主观地认定是孩子不好而去质问孩子，只会增加孩子的紧张与恐惧感。

孩子不愿上学是每个父母都不愿遇到的事，若是您的孩子出现这种问题，您最好先冷静地向孩子了解情况，可以对孩子说："我知道你不愿去学校一定有你的原因，你愿意告诉我，让我帮帮你吗？"根据孩子所说，找出问题出现的原因，再决定解决的办法。如果孩子是因为怕吃苦或对所学的知识感到困难，就要深入浅出地给孩子讲些道理，让最贴近孩子生活的事实说话，让孩子有所感悟并且能够自己教育自己。如果孩子是因为犯了错怕老师批评，父母可鼓励孩子勇敢地承担责任，告诉他：任何人都可能犯错误，是自己的错误就要自己承担，这并不是什么难堪的事情，真正的羞耻是不肯改错而让别人笑话。如果孩子是因为在学校或上学路上总是受到骚扰，父母一定要对此加以注意，这不仅关系到孩子可能受到伤害，还会影响孩子形成良好的性格。

父母应交给孩子一些自我保护的方法，比如对于一些品行不良的孩子的欺负、威胁要及时告诉老师，若是在校外受到骚扰要尽快回学校或家里向老师和父母反映。另外，父母在了解情况以后还应找孩子的班主任谈一谈，请老师对自己孩子的情况加以注意，并留下自己详细的通讯方法，与老师密切联系，尽可能地改善孩子的外部环境，让他有安全感，这样才能真正缓解孩子的压力，从而改变孩子怕上学的行为。

【仔细想想】

孩子厌学，是由于学习动力缺乏所致，主要有以下原因：

一是父母要求过高。这样容易使孩子产生害怕失败的心理，继而导致上进心丧失和学习动力缺乏。

二是学习兴趣丧失。多数刚入学的孩子对学习有一种新鲜感，时间一长，一旦在学习过程中遇到困难，认为学习太苦而失去了兴趣和动力，随之而来的就是厌学。

三是家庭经常发生纠纷，孩子心理有负担，无力顾及功课。

四是孩子心理发育不成熟，虽然智力水平属于正常，但社会适应能力差。孩子的创造力和与众不同的行为往往被更注意分数的父母、老师所压抑，孩子因此不仅不能为自己的独立性、创造性而骄傲，反而会感到自己无能，进而自暴自弃。

五是学校中的问题。有的教师采取呵斥、讽刺甚至体罚的做法来解决学生的问题；有的教师对表现优秀的学生态度亲切、和蔼，对表现一般的学生态度冷淡，甚至厌恶；个别教师的教学方法不能充分调动学生的学习兴趣；有的学校没有浓厚的学习氛围，评价机制不够合理。这些都能激发孩子的厌学心理。

六是学习环境不佳。父母不爱学习、学习条件太差、学校和社会风气不好等因素都会引发孩子厌学。

父母要仔细分析孩子厌学的原因，采取相应的办法进行解决，尽早帮助孩子克服厌学心理。

【纠正方法】

第 1 步：冷静处理。如果孩子厌学，不论是什么原因引起的，决不能埋怨、冷落、责备孩子，更不能惩罚、打骂，千万不能操之过急。父母要有足够的耐心，加强与孩子的引导沟通，了解孩子对学习的真实感受，洞察孩子的心里倾向。

第 2 步：对症下药。要认真分析孩子不愿上学的原因，然后有针对性地采取相应措施。

第 3 步：防患未然。孩子的厌学现象是一点点发展起来的，因此父母要善于观察并及早发现孩子的厌学倾向，一旦发现孩子厌学的苗头就及时进行教育，决不能让这种倾向发展到积重难返的程度。

第 4 步：加强联系。孩子厌学初期，往往与教师的疏忽和父母的不经心有关，从而使孩子钻了“空子”。

第 5 步：激发兴趣。学习兴趣是孩子学习的原动力。培养孩子的学习兴趣，是解决孩子厌学的重要方法。父母可适当给孩子一些仪器，如望远镜、放大镜等，给孩子演示，激发起孩子的好奇心后，再给予点拨，诱发孩子的求知欲望。带孩子到大自然去，让大自然启迪孩子的智慧。如利用月食现象、日食现象让孩子对天体的运行情况产生遐想。启发孩子思考，鼓励孩子自己寻求答案。如让孩子观察冬天玻璃窗上出现雾气的现象并思考原理，引导他自己到有关书籍中寻求答案。创造条件给孩子做实验。如让孩子观看天上的彩虹，让孩子了解光的散射，并引导孩子做人造彩虹，以验证这个知识。

第 6 步：耐心解答。孩子对周围的世界充满了好奇和求知的渴望，他们总爱问“这是什么”“为什么”。对此，父母千万不要不耐烦，要尊重孩子的好奇心，耐心答复孩子的提问，切忌说一些“你怎么这么烦呢！”“你没看我正忙着吗？一边玩去！”等伤害孩子自尊心的话语。父母要谦虚对待孩子的提问，如果自己确实不懂，应坦诚告知，然后带孩子一起去找答案。同时告诉孩子知识的探索是无止境的，一个人必须不断地学习。不要讥讽孩子提出的幼稚问题。要从孩子的角度去看问题，根据孩子的理解水平用适当的语言回答孩子的提问，给孩子以满意的回答。要鼓励孩子想象。利用孩子想象力丰富的特点，结合情境有意识地诱导孩子去想象。父母也可以结合生活中的情景，巧设疑问，并鼓励孩子提问。好的提问可打开孩子的思维，将孩子的思路引向正确的方向。

行为纠正及转变结果日记

任何不良行为的纠正与转变，都需要孩子不断地练习、努力以及父母的鼓励。

在孩子行为转变的过程中，可能每次只是前进一小步，但无论进步大小，父母都应该向孩子表示肯定与鼓励。每一种不良行为的纠正与转变，都有一个从被动到主动再到自动的过程，至少需要 3 周也就是 21 天的时间，因此千万不要轻言放弃，而应该坚持坚持再坚持。有道是“条条大路通罗马”，也许一种策略失败了，另外一种就能成功。请把孩子每周的表现记在下面的横线上，并且在《行为纠正与转变结果日记》上记录孩子每天的变化。

21 天后，期待你的孩子带给你一个惊喜！

纠正与转变的目标行为：______________________________

第 1 周（第 1 个 7 天）

____

____

____

第 2 周（第 2 个 7 天）

____

____

____

第3周（第3个7天）

行为纠正与转变结果

第33种行为：逃学

【问题描述】

逃学就是已经上学的孩子，在上学的时间擅自离开学校，到社会上闲混的行为。、

孩子逃学，多发生在小学阶段，是父母非常苦恼、又迫切想解决的问题。孩子逃学流向社会是低龄犯罪人数增加、影响社会治安的原因之一。国内有调查报告指出，逃学孩子的犯罪率比在校生高15.6倍，这说明逃学确实是一个值得高度重视的问题。一般性格内向、自我中心倾向和自卑感强的学生，如果学习成绩不良，受到老师的批评或者同学的轻视，就会发展为逃学以致离家出走。

上小学四年级的晓宁小时候与爷爷、爸爸妈妈生活在一起。爸爸妈妈开了一家商店，平时非常忙。

小时候，爷爷对晓宁非常疼爱，但是爸爸妈妈对他却很严格。爸爸是小学文化，脾气暴躁，有时情绪激动，就动手打人。在学习上，晓宁经常挨爸爸打，逼着孩子背书、做作业，稍有怠慢，就会挨打。

曾有一次，爸爸把晓宁打得鼻子都出血了。

晓宁渐渐长大了，经常无故不去上学，老师以为他生病了，而父母以为他上学去了，直到老师和父母交流后才知道真相。有一次逃学被爸爸发现后，被狠狠地打了一顿，但还是没有起到作用。他看似按时去上学，其实是跑到社会上去，和一些不三不四的小青年在一起，有时打群架，甚至拿刀砍人。

【仔细想想】

生活中常见的逃学有两种：一种是偶尔为之；一种是反复长期的。

父母听说孩子逃学，着急、生气，更为烦恼的是，孩子不上学又不回家，万一在外边结交了坏朋友，沾染上恶习，那就糟糕了。有些孩子因为好奇心强、自制力差，经受不住外界的诱惑，在该上学的时候，想去看电影或踢足球，就逃学了。这一般发生在低年级小学生身上。对他们，父母可以进行比较严厉的批评，甚至施以具体的惩罚，使孩子及时认识到，逃学是要受到责罚的“坏行为”。

逃学的主要原因有：

一是心理压力。有些孩子在学校里受到老师的批评或同学的嘲笑、欺侮，回家又不想告诉父母，既不想去上学，又不敢待在家里，只好背着书包到处闲逛。这种孩子大都有较重的心理压力。父母在了解了他们逃学的原因后，除了通过拜访老师等途径帮助孩子解除思想顾虑、重新回到课堂，还应审视自己对孩子是否关心太少或管得太严，要主动和孩子交谈，使孩子愿意向自己敞开心扉，及时了解他的思想状态。此外，还应定期与老师取得联系，了解孩子在学校的表现，共同磋商教育方法。

二是学习的压力。某些学校在片面追求升学率的思想指导下采取分快慢班、考试排名次等一系列违反心理健康原则的教学方法，给学生造成了沉重的心理负担和精神压力。有的父母对孩子要求过高，除了学校的功课外，还要求孩子上各种各样的兴趣班，远远超过了孩子力所能及的程度，孩子产生了消极对抗情绪，逐渐对学习失去了兴趣。孩子由于“跟不上”或“不堪其苦”等原因，从厌学发展到逃学。还有的孩子受“读书无用论”的影响而逃学。父母要分析孩子逃学的原因，要从源头去解决问题。

三是孩子与父母发生矛盾。这与不良家庭教育的环境、亲子之间存在代沟以及父母采用不当的家教方式有关。

【纠正方法】

第 1 步：分析原因。孩子逃学，父母切忌不分青红皂白责打一通，这样会加剧孩子的反抗情绪。父母应心平气和地向孩子询问逃学的真正原因，冷静对待孩子逃学。切莫打骂指责孩子，更不能体罚孩子，应信任孩子，尊重孩子，让孩子体会家庭的温暖、父母的爱心；还可陪伴孩子到学校，争取老师的配合，同时让孩子体会集体的温暖和帮助。

第 2 步：减轻压力。若孩子是由于学习压力过重而逃学，则父母需要检讨自己平时是否对孩子学习期望过高，并与孩子共同探讨可以达到的目标与计划。若孩子是由于学习有困难而逃学，父母应主动与学校或班主任联系，针对其具体情况进行个别学习补救。逃学的孩子往往对学习没有多大兴趣，父母可采用多种方法，激发孩子的求知欲。例如，利用孩子对自然现象的好奇，引导他们阅读一些科普读物。向孩子介绍一些家用电器的使用常识，使他们了解到人们周围的生活离不开知识的应用，让孩子意识到学习知识的重要性。

第 3 步：热爱集体。孩子逃学也可能是对班级的归属感淡薄。

一个热爱集体、留恋同伴的孩子，即使遇到不愉快的事，也不会逃学。要孩子热爱集体，应先培养孩子对家庭的归属感。父母要努力创造温馨和谐的家庭气氛，让孩子体验到家庭的温暖，继而把孩子的这种积极情感迁移到班集体中。

第4步：严格纪律。父母应多加了解逃学的孩子，消除他们的疑惑和抵触情绪，培养他们的自信心、自制力，努力提高他们的是非观念、集体荣誉感和组织纪律性，从根本上改正逃学的不良行为。同时父母要加强与学校的联系，及时了解孩子在学校的情况，恰当处理逃学旷课行为。

第5步：正确引导。父母要把孩子的精力引导到学习上，提高孩子受挫折的能力，使之能正确疏导自己的情绪，不以逃学、旷课作为逃避手段；以英雄模范人物为榜样，引导孩子树立远大的理想，并从现在开始扎扎实实地学习；用英雄人物的事迹来激励孩子进步，引导孩子看一些文学名著，如《红岩》《青春之歌》《林海雪原》《钢铁是怎样炼成的》等等，以树立孩子正确的人生观和乐观主义思想。

第6步：订立合同。在孩子说明有关问题之后与孩子订立合同。合同可包括下列内容：不无故不到校；特殊情况如生病要及时和父母、老师联系；外出要征得父母同意；不去舞厅、娱乐厅、网吧、游戏厅等杂乱的游玩场所。如果孩子严格执行合同，父母要给予适当的奖励。

行为纠正及转变结果日记

任何不良行为的纠正与转变，都需要孩子不断地练习、努力以及父母的鼓励。

在孩子行为转变的过程中，可能每次只是前进一小步，但无论进步大小，父母都应该向孩子表示肯定与鼓励。每一种不良行为的纠正与转变，都有一个从被动到主动再到自动的过程，至少需要3周也就是21天的时间，因此千万不要轻言放弃，而应该坚持坚持再坚持。有道是"条条大路通罗马"，也许一种策略失败了，另外一种就能成功。请把孩子每周的表现记在下面的横线上，并且在《行为纠正与转变结果日记》上记录孩子每天的变化。

21天后，期待你的孩子带给你一个惊喜！

纠正与转变的目标行为：______________________________

第1周（第1个7天）

____

____

____

第2周（第2个7天）

____

____

____

第3周（第3个7天）

____

____

____

行为纠正与转变结果

第 34 种行为：偏科

【问题描述】

人的兴趣和能力总是有所偏好的。对自己喜欢的擅长的，总愿意去做；而对自己不喜欢的、不擅长的就不愿意做。偏科就是这种现象。

偏科不利于孩子全面发展，父母必须让孩子认识到偏科的不利之处，帮助他努力加以克服。

浩浩上小学五年级了，他数学很好，但是语文成绩怎么都提高不上去。老师还反映，他上语文课的时候在看数学，没有认真听课，老师问他为什么这么做，他说不喜欢语文，觉得自己学不好，也没有兴趣。

偏科会妨碍孩子建立合理的知识结构，不利于学习进步。父母首先应告诉孩子只有各科平衡发展，才能让自己好的科目学得更好。因为学科之间是交叉的，相辅相成的。语文学不好，在做数学题的时候很可能会误解题目的意思。

其次，在学习方法上，提倡孩子交叉学习不同的课程。各学科合理安排时间交叉进行学习，这样有助于提高学习效率，减少学习中的疲劳感，促使孩子全面温习各门功课。帮助孩子克服学习上的偏科倾向时，千万不能“矫枉过正”。在抓孩子其他基础课的学习时，不仅不应限制他们对所擅长科目的学习，还应帮助他们充分发挥自己的优势。学习偏科说明孩子在建立知识结构的过程中，已经开始找到了兴趣的中心点。如果能引导他们在打好各门功课的基础上再深入学习自己喜欢并且擅长的科目，这样会有利于孩子发挥自己的长处。俗话说，“不怕千门会，就怕一门灵”。孩子“学有所长”比“平而不尖”更有出息。引导的总原则是，激发孩子对所有学科的热爱，但是，允许孩子对某些学科有特别的兴趣。

【仔细想想】

学习偏科主要有这几种情况：文科偏差或理科偏差；其他各门功课都很好，只有一门较差，如外语等。作为父母，应仔细分析孩子偏科的原因，找出解决的办法。

孩子学习偏科可能出于以下几个方面的原因：

一是兴趣使然。此种兴趣与家庭、学校、社会环境关系很大，拿家庭环境来说，“体育世家”的孩子喜欢体育，“音乐世家”的孩子偏好音乐等。在学校中，教师的教学艺术及人格魅力也可能使学生“偏科”。现实生活中，有些孩子喜欢数理化，而对语文、历史、地理等学科一筹莫展，而有些孩子则恰恰相反，这与孩子抽象思维能力和具体形象思维能力强弱也有关系。还有的孩子对某学科特别感兴趣。兴趣是人对事物的特殊认识倾向。这种认识倾向是持久的、稳定的，而且总是有欢乐、喜悦、满意等肯定的情感相伴随着。所以他们对于这个科目特别感兴趣。做作业劲头十足，把主要精力用在这里，结果影响了其他学科。

二是升学压力。有的孩子将中学课程分为所谓的“主课”和“副课”。凡升学考试和高考的必考课目为“主课”，其余则统统为“副课”。迫于升学压力，孩子重视“主课”，忽视甚至轻视“副课”。更为严重的是一些父母还积极支持孩子的这种“偏科”学习。

三是认识问题。有的孩子受“学好数理化，工作任你找”等观念的影响，重视理科，忽视文科，有的干脆丢掉文科。

四是如果某门课程整个班级的学生都较差，那么，可能是教师教育的方法问题。如果是教师的问题，父母应及时向学校反映。

【纠正方法】

第 1 步：认识危害。给孩子分析偏科的危害，告诉孩子，要想当一个数学家，光有理科知识是远远不够的，还要写论文，写报告，这时就需要有其他科目知识的支撑。在升学考试中，要看总成绩，如果有一科成绩太差，往往会导致落榜，有人比喻这种情况是“X+0 = 0”。

第 2 步：分析原因。孩子学习偏科，首先应该是摸清情况，仔细分析，找出原因，做到心中有数，然后有侧重地进行教育，使孩子认识到全面掌握知识的重要性。孩子基础差，父母应该帮助孩子补课，若自己没这方面的能力，可到学校请任课老师帮助，或请家庭教师进行补课。关于兴趣问题，要根据孩子不同的学习兴趣特点进行培养，还可以通过教育进行强化，如孩子数学差，父母要讲清数学是一切自然科学的基础，是学好物理、化学的基础。通过教育提高认识，既可以培养孩子的兴趣，还可以调节多种兴趣间的关系，使其成为孩子学习活动的有利因素。

第 3 步：激发兴趣。要热情地辅导孩子的“非优势学科”，善于发现孩子的点滴进步，及时予以肯定和鼓励，激发孩子对该学科的兴趣，增强信心。长期坚持下去，孩子学习“偏科”的问题就会逐渐得到解决。如孩子在理科学习方面取得了成绩，而文科不足，此时可鼓励孩子：“你数学学得这么好，语言能不能也学得这么好呢？试试看。”许多孩子语文不好主要表现在写作不好，此时父母可鼓励孩子写日记，让其模仿一些名篇文章的布局、结构，为其购买一些文学名著以及订阅一定数量的文学报刊，鼓励孩子向报社、杂志社投稿，参加一些写作比赛，逐渐提高孩子学习语文的兴趣。

第 4 步：弱项补差。在承认孩子的智力具有特殊性的同时，我们并不能忽视孩子的弱项和缺点，更不能放弃对孩子全面发展的要求和培养。纠正偏科是为了促使孩子全面发展。纠正偏科学习，父母需要投入大量的时间，对学生进行“弱科补差”，帮助他们克服学习上的困难。但是，克服学习上的偏科倾向，千万不能“矫枉过正”，否则出现“弱科变强科，强科反而变弱科”，孩子还是不能全面学习。矫治偏科学习的落脚点一定放在促使孩子全面发展上，在抓“弱科”学习的同时，不仅不应限制他们对所擅长科目的学习，还应帮助他们充分发挥自己的“强科”优势，既要补“弱科”之短，又要扬“强科”之长，这样才有利于孩子全面提高。有一个木桶原理是说：“一个用木板做的木桶，若有一块木板短于其他木板，那么这个桶只能容纳到短木板上沿的这部分体积。”但如若把木桶斜放，所容纳的体积就大了。对偏科也是一样，尽量扬长避短，以长促长，取长补短。

第 5 步：锻炼意志。偏科的孩子对“弱科”学习既缺少兴趣，还有畏难情绪，遇到困难往往知难而退，所以培养孩子的学习意志，助其养成勤学不懈的品质，应是矫治孩子偏科的着力点。父母要帮助孩子树立学习“弱科”的信心，增强克服学习困难的毅力，否则，孩子一遇困难就气馁，或“三天打鱼，两天晒网”，“弱科”还是学不好。另外，还要把侧重点放在培养能力上。如数学是一个孩子的“弱科”，那么父母应该帮助孩子提高观察能力、理解能力、运算能力等。当然，“冰冻三尺，非一日之寒”，培养能力是一个较长的过程，父母要善于发现孩子能力上的不足，进行强化与补救训练。

第 6 步：全面发展。偏科的孩子肯定在某一方面很突出，也就是兴趣集中在某些科目上。他们好恶差距大，喜欢哪一学科，就将全部精力放在哪一科上。对于自己不喜欢的，则碰都不碰。父母可以扬长避短地让孩子发挥这些长处，让孩子感到自己很有成就感。同时，可以引导孩子，如果其他科目也是如此，就更优秀了。要告诉孩子，学生阶段，仅靠一科成绩好是不行的。只有全面掌握各科的基础知识，长大后才能发挥自己的特长，成为某方面的专家和人才。

行为纠正及转变结果日记

任何不良行为的纠正与转变，都需要孩子不断地练习、努力以及父母的鼓励。

在孩子行为转变的过程中，可能每次只是前进一小步，但无论进步大小，父母都应该向孩子表示肯定与鼓励。每一种不良行为的纠正与转变，都有一个从被动到主动再到自动的过程，至少需要3周也就是21天的时间，因此千万不要轻言放弃，而应该坚持坚持再坚持。有道是“条条大路通罗马”，也许一种策略失败了，另外一种就能成功。请把孩子每周的表现记在下面的横线上，并且在《行为纠正与转变结果日记》上记录孩子每天的变化。

21天后，期待你的孩子带给你一个惊喜！

纠正与转变的目标行为：______________________________

第1周（第1个7天）

____

____

____

第2周（第2个7天）

____

____

____

第3周（第3个7天）

____

____

____

行为纠正与转变结果

____

____

第35种行为：学习马虎

【问题描述】

粗心马虎是指对自己理解和会做的事情，由于不仔细而造成差错，它与不理解、不会做而造成的差错是不一样的。粗心马虎是一种不良的行为习惯。

赵磊平时挺聪明的，上课的时候，老师讲的那些内容，他一听就懂、一看就会，可是做起作业和考试题来，虽然不能说是“一做就错”，可也总是时不时地犯一些小错误。就拿本学期的第一次考试来说，错的几乎全是前面直接写出答案的简单运算，虽然不是什么简单到“1+1=？”的初等运算，但只要仔细看题，就会很快得出结果。反而试卷最后的两道应用题，在父母看来算是整张试卷上面最难的题目，赵磊倒是答得简单利落，十分漂亮。

平时做作业，赵磊也常常犯一些小毛病，特别是家庭作业要抄题，一个不留神就把题目抄错了。“42÷7”搞不好就会被抄成“42+7”，书上的“3.14”也许到了作业本上就变成了“31.4”。让人无奈的是，如果按照抄错的题目来运算，赵磊算出的答案倒确实是正确的，所以经常弄得老师直摇头。

爸爸妈妈和赵磊自己，都清楚他的这个“粗心大意”的小毛病，也都希望他能尽早改正。为此，妈妈费了很大的劲，找到了多年前的老动画片《差不多》，在家里放给赵磊看。爸爸平时经常把一些重大的历史事件——比如美国“挑战者”号航天飞机爆炸这样的重大事故——挂在嘴边，希望对赵磊能有所警醒，明白粗心的毛病能够酿成严重得超乎想象的损失。赵磊自己也多次痛下决心，一定要改掉粗心的坏毛病。可是到了关键时候，好像脑子和手总是不争气，多多少少总会错上那么一点，于是经常和“优”保持一定距离。

像赵磊这样的马虎、粗心，在绝大多数小学生身上都会或多或少地有所体现。分析孩子粗心的原因，大多数父母都会认为是孩子学习不认真，太马虎，缺乏对学习的兴趣。

【仔细想想】

如何看待孩子粗心马虎，不少父母的认知都有以下这些误区：

误区一：孩子学习主观上不认真。其实，对于一部分孩子来说，不是他学习不努力，而是他的学习能力发展不平衡，孩子的听知觉和视知觉是影响学习能力的重要因素，说这部分孩子粗心，是冤枉他们了。不是孩子不想好，而是他的能力没达到。

误区二：片面关注学习习惯，忽视做事的条理性。学习上细心的习惯不是单一存在的，而是与生活习惯分不开的。那些做事丢三落四、缺乏条理、不能坚持到底的孩子，往往在学习上容易粗心。父母应该从小让孩子做一些他力所能及的事，小的时候让他收拾好自己玩的玩具，年纪大一点以后，可以让他帮着洗碗等等。

误区三：父母任意地惩罚孩子。有一些父母总是喜欢采取一些简单粗暴的惩罚措施，比如：抄 10 遍书，每天做 50 道口算题等，让孩子心理上产生厌倦，失去学习的兴趣。过度单调的重复，往往引起孩子的反感，欲速则不达。

敏感性较差。这类孩子对感觉刺激和敏感性较差，注意力容易受外界干扰。尤其是小学生活泼好动，情绪不稳定，热情高但生活阅历相对欠缺，遇到问题心情较为紧张，因而容易粗心大意，久而久之，会形成粗心的不良习惯。孩子的粗心是学习道路上的绊脚石，也是教师和父母最为头痛的事情。其实，粗心并非偶然，简单的表面现象背后有着外在的客观原因和内在的心理原因，父母针对原因采取一定的对策可以减少孩子粗心的现象。

从小培养孩子良好的习惯，让人终生受益，无论从长远来看还是从目前孩子的学习状态来看，粗心都是应该纠正的。

【纠正方法】

第 1 步：自我检查。让孩子在学习中不再犯粗心的错误，自我检查可以起到很好的作用。如把题目重做一遍，通过逆运算检查；让孩子在老师批改前自批作业，并把批改的方法教给孩子

第 2 步：培养习惯。改掉一个坏毛病的最好方法是养成一个好习惯。父母在以身作则的同时，应从生活小事抓起，培养孩子良好的习惯，以减少孩子学习中的粗心，如整理自己的房间。和谐民主

的家庭气氛能保持愉悦平和的心境，让孩子做事不骄不躁。

第 3 步：培养个性。孩子总是千差万别的。有的粗枝大叶，有的谨小慎微；有的大喜大悲，有的温和平静。由于性格的原因，前者比后者更易犯粗心的毛病。有人曾说："播种行为，就收获习惯；播种习惯，就收获性格；播种性格，就收获命运。"因此，应当通过纠正孩子粗心的行为来改变他粗心的习惯，以至于最后改变他的个性。日积月累，你会发现孩子粗心的行为渐渐减少，这也为他日后的成功扫除了障碍。

第 4 步：把简单的事做好。很多小学生做题，把"6"看成"9"，把"÷"当成"+"。你给他指出，他会毫不在乎地说："有什么了不起，我本来会做的。"其原因就是题目太简单，无法激发动力。在这种情况下，父母应该让孩子知道，"经常遇到的问题都不会很难，你与别人的区别就在于是否能把简单的事情做好"。

第 5 步：采用正强化。当孩子因粗心导致错误后，要用新动作纠正他原有的习惯动作，塑造新动作，而不是责怪（淡化他的粗心），然后在他偶尔不粗心时马上表扬他，强化他的细心，不失时机地肯定他，让他感觉到自己其实是可以很细心的。这样慢慢地他就会向着细心方向发展了。

第 6 步：精细加工。精细加工往往是通过对比和辨别进行的。有意识地引导孩子用辩证的、全面的、比较的方法来分析、观察、思考问题，做到举一反三，这样就会减少差错。例如，小学生经常分不清"烧、浇、晓、挠、翘、饶"。父母可以教他们这样的顺口溜"用火烧，用水浇，东方日出是拂晓，左边绞丝弯弯绕，换上提手是阻挠，右边加羽尾巴翘，丰衣足食才富饶"，如此，孩子就能够正确书写和使用了这些字。父母还可以经常让孩子进行有目的的观察，指导孩子观察山、树、动物，引导他仔细分析各个部分，让孩子将观察到的材料细致地口述或写出来。这样，孩子的感知能力就会逐渐提高。

行为纠正及转变结果日记

任何不良行为的纠正与转变，都需要孩子不断地练习、努力以及父母的鼓励。

在孩子行为转变的过程中，可能每次只是前进一小步，但无论进步大小，父母都应该向孩子表示肯定与鼓励。每一种不良行为的纠正与转变，都有一个从被动到主动再到自动的过程，至少需要3周也就是21天的时间，因此千万不要轻言放弃，而应该坚持坚持再坚持。有道是“条条大路通罗马”，也许一种策略失败了，另外一种就能成功。请把孩子每周的表现记在下面的横线上，并且在《行为纠正与转变结果日记》上记录孩子每天的变化。

21天后，期待你的孩子带给你一个惊喜！

纠正与转变的目标行为：________________

第1周（第1个7天）

____

____

____

第2周（第2个7天）

第3周（第3个7天）

行为纠正与转变结果

第36种行为：不爱做作业

【问题描述】

孩子不爱写作业，而且往往不是一次、两次的偶然行为，一般等到父母发现之时，孩子已经形成了不良习惯了，而这些习惯的矫正是需要耐心和科学的方法的。

有个叫马红的孩子，数学成绩很差，考试成绩总是不及格，平时几乎是不写作业的。每次找她问话，总有说不完的理由。为此，父母也毫无办法。

后来，学校老师经常把她留下来补作业，可是今天留下补了，明天还是不做，明天留下补了，后天照样不写作业。

老师之所以让孩子做家庭作业，是为了让孩子的技能得到发展，如收集、归纳和自我管理等等。父母如果从旁给予指导和时间把握，孩子就会在发展这些技能中受益。父母应该给予的是从旁指导，而不是亲自登台，越俎代庖。父母应该为孩子营造工作环境，帮助孩子制定计划，安排时间，用正能量来鼓励孩子。当孩子逐渐长大的时候，父母就应该逐步“隐退”。

把孩子的家庭作业看成训练自尊心和独立性的良机。这个过程需要很长的时间，父母必须有耐心，引导孩子养成独立完成家庭作业的良好习惯。

学生做作业的目的，是巩固、提高和扩展所学知识，培养分析问题和解决问题的能力。无论课堂作业还是家庭作业，都是学习过程中必不可少的重要环节。

有的学生虽然心里清楚作业一定要做，却不想自己动脑筋，总爱问父母、老师或同学，甚至抄袭他人的作业，这是一种非常不好的习惯。因为作业不独立完成，就难以发现学习中的薄弱环节和不足之处，并且容易养成依赖心理和投机取巧的坏毛病。当不得不自己思考和解决问题时，就会不知从何下手以致失败。

孩子不完成作业是许多父母感到烦恼的事，当老师把孩子的这种情况告诉父母时，父母一方面觉着自己丢面子，一方面又对孩子的这种不良行为防不胜防，没有什么好的办法。大多数孩子都有过作业未完成的情况，其原因也是多种多样的，所以简单地认为孩子懒，故意不写；对孩子们来说是不公平的，也无助于解决问题。

我曾在一本《家庭教育》杂志上看到一篇文章，读后很有启发：

记得女儿上小学三年级时，做家庭作业总是磨磨蹭蹭。两三道题，本应 20 分钟就可以做完，可她却要耗上近两个小时。你看她，从书包里拿出书本就要花上几分钟时间，翻书、打开作业本也心不在焉。做作业也是东张西望，常常做一些与作业无关的事：抠抠手指甲，拿她喜欢的东西玩上一会儿，或是突然发问：“爸，这星期天您休息吗？”“妈，咱们什么时候买鞋去？”有时候还要到另一个房间转一圈，要么就停下来整理一下书桌。做一道题，要反复寻找书中的相关内容，甚至还得打电话问同学。因为写得不工整，或写错了，就要撕掉几张作业纸……这样，每天都要耗到很晚才能勉强交差。一撂笔，就随声而出：“唉，好不容易做完了。爸，你该给我检查了！”这时，我要立即放下手中的活儿，像校对员一样，耐心、仔细核查。出现错处，让她改，就更是件麻烦事：首先是不情愿离开刚看时间不长的动画片，要喊上两三遍，甚至动怒，她不才情愿地过来。到我面前，又会反问我：“怎么了？老师就是这么讲的！”我还要耐着性子，给她讲出现错误的原因，她才动手改。总之，很容易的几道题，把我们折腾得够呛！因为做作业磨蹭，女儿的业余时间全被占用了，没有玩的和做其他事的时间。所以，她对学习开始产生厌烦情绪，总盼着放假。又因为作业不抓紧时间，到考试时，会做的题也做不完，致使学习成绩下降。这一切引起了我的重视。于是，我决定给我女儿支一招，将作业当成考试来完成。

一天，女儿放学回家，正要打开书包做作业，我便过去对她说：“从今天开始，咱们把作业当考试吧，怎么样？”女儿一愣，诧异地问我：“怎么考啊？”我就反问她说：“你们考试有什么规定吗？”女儿不假思索地说：“当然有啦！”于是，我俩边写边说，将有关考试的要求一一记录下来，并对女儿说，按考试要求做完作业，你就可以干自己想干的事。一听这话，女儿的劲头更足了，赶紧拿来闹钟，让我帮她计算一下完成作业所需要的时间，迅速将闹钟上好弦，用很短的时间将作业所需要的用具准备齐全，俨然一副考试的架势。我提醒她说：“考试可不让看书呀！”女儿很自信地说：“我不看书也都会。”

“考试”开始了，看到女儿一本正经的样子，我打心眼里高兴。原来要耗上两个小时才能完成的作业，今天只用了二十多分钟。闹钟一响，女儿将作业本递给我，风趣地说：“爸爸老师，给我判卷子吧！”

经过一个月的训练，女儿做作业的速度快了许多，准确率也大大提高。这种办法不但激发了她的学习兴趣，也给我们全家的生活增加了许多乐趣。

这真是一位明智的父亲。他用自己独特的方法，纠正了孩子不爱做作业的不良行为。

生活中，父母最关心的问题莫过于孩子的学习问题，而学习问题，主要就是围绕着做作业的问题，父母有诉不完的苦。哄着、骗着做作业的有；打着、骂着做作业的也不在少数。而孩子较普遍地存在着依赖心理、厌学心理，视作业为一大负担。

【仔细想想】

让孩子独立完成作业的过程中，不能只问对错，要重在培养孩子的自信和良好的习惯。

仔细分析孩子不爱做作业的原因，主要有：

一是注意力不集中。有的孩子写作业时不专心投入，东张张西望望，一会儿摸摸这玩玩那，你看他在写作业过程时嘴里念念有词，好像在思考的样子，其实思想早已经走神，或者边看电视、边吃零食边写作业，如此注意力不集中，写作业岂能不慢？

二是父母“把关”太多。许多父母检查完孩子的作业，发现错处以后，就立即指出，并说出答案让孩子改正。如果这样，孩子就只管做作业，而不问对错，反正有爸爸妈妈为我“把关”。长期下去，孩子也就失去了自我判断作业正误的能力，导致丧失学习自信心。

孩子做完作业爱对答案，也会产生不良的后果。

三是学习兴趣不浓。兴趣是最好的老师，是影响人的行动的重要因素，它能够调动人的积极性，促使人喜爱从事某项活动，但孩子对学习以外的事情感兴趣太多，受学习以外事情的诱惑太多，而学习又是一件苦差事，必须付出艰辛的劳动。孩子对学习如此没有兴趣，如此没有自觉性，他在做作业的时候肯定就是疲疲沓沓、能拖就拖。

四是安排不合理。在日常活动中，孩子基本上除了学习以外不做任何其他事情。由于缺少锻炼和经验积累，许多孩子不知道如何提高做事的效率，不知道如何在同样的时间内做更多的事情，也不知道如何用更少的时间做同样的事情，而父母也缺乏对孩子这方面的教育与引导。于是，孩子这方面能力的欠缺在做作业时就明显暴露出来了。

五是畏惧心理。有的孩子由于学习基础不好，掌握基础知识不够，学习上的欠账太多，很多作业根本就不会做，做作业时会有大大小小的“拦路虎”挡在前面，他们不但写作业的时间会延长，而且甚至很害怕写作业，在做自己喜欢的课程的作业时还比较快，往往三两下就可以完成，可是一遇到自己不喜欢的课程的作业就头皮发麻，畏难情绪十分严重。

家庭作业是父母面对孩子的最直接的学习活动。在减轻学生作业负担过重的呼声中，少数父母有些相反的意见。他们以为，家庭作业是必须的，既是孩子巩固所学知识的重要手段，也为父母及时了解孩子的学习情况，具体指导孩子提供了机会。这也有一定的道理。其实，这并不是说所有的家庭作业都是合理的。但是，既然老师布置了家庭作业，父母就要引导孩子独立完成。

【纠正方法】

第 1 步：查明原因。父母对孩子出现的不完成作业的问题不能一概而论。应该先找一找原因，再帮助孩子纠正这一行为。孩子因故未完成作业，仅靠批评是不能使孩子的行为发生改变的。因此，我们首先应帮助孩子发现自己在这方面存在的问题并引起重视；其次交给孩子一些预防这种情况发生的方法，比如：建立一个记事本，把每天老师留的作业记录下来，在相关的书本上也要把所留题目做上记号，做到“双重保险”，每天在做完作业后根据所记录的项目进行检查，发现问题及时弥补。

第 2 步：树立信心。告诉孩子，老师布置的作业，一般都是学生力所能及的，不会超出所学的知识范围，只要肯动脑筋，就能做出来。如果真的没有信心，不妨问自己：“别人可以做出来，我为什么不能呢？”对自己自鞭自策，不失为增强信心的一种好方法。同时，帮助孩子补习学习内容。有的孩子也想完成家庭作业，但因为没有搞清知识要点，对学习的内容没有完全掌握，所以不能独立完成家庭作业。针对这种情况，父母要帮助孩子找知识的漏洞，教育孩子不懂就问，鼓励孩子树立自信心，战胜困难，体会成功。

第 3 步：定时定量。不要把目标定得太高，而是要循序渐进，慢慢提高，比如，以前做 5 道题需要 20 分钟，那么，从现在起，要求他完成同样的作业量，只能用 18 分钟。同时，要培养习惯。即抓紧在校时间写，放学后第一件事就是写作业。长期坚持下去，就能培养成按时完成作业的好习惯。

第 4 步：要有耐心。父母可以把孩子的家庭作业看成练习的机会，通过练习让孩子建立自尊心。这个过程需要很长的时间，父母必须有耐心帮助孩子养成独立完成家庭作业的良好习惯。

第 5 步：指导督促。任何打骂与惩罚对孩子独立完成作业的好习惯的培养都是徒劳无效的。正确的引导才是明智的。父母应该给予孩子的是从旁指导，而不是亲自动手，越俎代庖。父母应该为孩子营造学习环境，帮助孩子制定计划，安排时间，用正能量来鼓励孩子。对做家庭作业嫌麻烦的孩子，改变起来比较困难。这类孩子往往是比较聪明的孩子，他们善于与父母和老师“斗智斗勇”。在教育这些孩子时不仅要教给其方法，还要加强督促，父母与老师应通过各种途径经常联系，不给孩子钻空子的机会。另外，有的孩子爱回答问题，上课听讲也较认真，就是写作业成问题，对于这样的孩子我们还要注意观察，看看他们是否存在某一方面的学习障碍，以便及时加以训练，改善他们的学习情况。

第 6 步：及时奖励。孩子如果能坚持每天按时完成作业，父母要及时给予奖励，既可以是口头上的表扬，也可以是家庭契约中约定的奖励，比如，带孩子买一本心爱的图书，看一场电影等。

行为纠正及转变结果日记

任何不良行为的纠正与转变，都需要孩子不断地练习、努力以及父母的鼓励。

在孩子行为转变的过程中，可能每次只是前进一小步，但无论进步大小，父母都应该向孩子表示肯定与鼓励。每一种不良行为的纠正与转变，都有一个从被动到主动再到自动的过程，至少需要 3 周也就是 21 天的时间，因此千万不要轻言放弃，而应该坚持坚持再坚持。有道是“条条大路通罗马”，也许一种策略失败了，另外一种就能成功。请把孩子每周的表现记在下面的横线上，并且在《行为纠正与转变结果日记》上记录孩子每天的变化。

21 天后，期待你的孩子带给你一个惊喜！

纠正与转变的目标行为：

第 1 周（第 1 个 7 天）

第 2 周（第 2 个 7 天）

第 3 周（第 3 个 7 天）

行为纠正与转变结果